艺术体操训练信息管理系统研究

罗 琳 著

中国纺织出版社

内容简介

本书不仅将传统的艺术体操训练指导理论进行了提炼，而且运用运动学的最新理论并结合艺术体操编排的规律和特点，增加了艺术体操训练的基本理论，介绍了艺术体操规则的演进和现代信息技术与艺术体操训练相结合的发展概况，使本书具有较为厚重的理论基础。本书首先介绍了艺术体操训练指标体系的建立和指导模型的构建，并根据艺术体操训练指导模型完成了信息系统的设计和实现。本书及其相配套的系统既可作为各类学校组织艺术体操指导训练的系统工具，也可作为高校艺术体操理论课程或选修课程的教材或教学参考资料，以改革教学内容和教学手段，满足学生拓展知识和提高能力的需要。

图书在版编目（CIP）数据

艺术体操训练信息管理系统研究 / 罗琳著. --北京：中国纺织出版社，2019. 10

ISBN 978-7-5180-4162-6

Ⅰ. ①艺… Ⅱ. ①罗… Ⅲ. ①艺术体操—运动训练—管理信息系统—研究 Ⅳ. ①G834. 02-39

中国版本图书馆 CIP 数据核字（2017）第 245181 号

责任编辑：武洋洋　　　　责任印制：储志伟

中国纺织出版社出版发行

地址：北京市朝阳区百子湾东里 A407 号楼　邮政编码：100124

销售电话：010-87155894　传真：010-87155801

http://www. c-textilep. com

E-mail:faxing@ e-textilep. com

官方微博 http://www. weibo. com/2119887771

三河市宏盛印务有限公司印刷　各地新华书店经销

2019 年 10 月第 1 版第 1 次印刷

开本：710×1000　1/16　印张：10.25

字数：184 千字　定价：57. 00 元

前 言

现代信息技术的迅猛发展，推动了包括艺术体操在内的体育项目现代化训练与管理水平的提高。现代信息技术在体育项目训练管理中的应用是多方面的，但最重要、最典型的当属直接服务于体育项目训练的电子信息与管理系统，它被称为“体育训练的神经中枢”。现代信息技术应用于体育项目的训练，使得体育项目训练的组织和管理产生了革命性变革。

艺术体操是一项新兴的女子竞技体育项目，是在韵律、节奏以及自然性动作基础上的一种节奏性很强的体育运动。不仅体现了体育运动的健康美，而且融入了芭蕾舞、民族舞、竞技体操、技巧、武术、杂技、戏剧等技术精髓。在培养学生的力量、灵巧、节奏感等素质的同时，还创造出一整套有思想、有表情、有层次、有结构、有难度的立体练习方法，构成艺术体操之美。随着国家体育事业的蓬勃发展和体育教学在高校中的不断推广和完善，艺术体操这一奥运会比赛项目正在逐步成为高校体育教学中的重要内容。其专项技术动作十分符合当代女大学生的生理结构特点，并且能够促进同学们的身心健康发展，因此艺术体操是深受当代大学生喜爱的一项体育活动。

长期以来，高等院校艺术体操的整体训练和统计工作基本上采用传统的人工处理方式，不仅耗费了大量的人力和时间，而且工作效率和准确性也不高。同时，在高校体育专业理论涉及艺术体操训练的教学内容中，也是长期沿用传统的人工方式。在信息技术普及的今天，用现代信息技术改造传统的艺术体操训练体系以及改革艺术体操理论的教学内容和教学手段已是一项十分迫切的任务。

《艺术体操训练信息管理系统研究》是在用现代信息技术改造传统的体操训练组织和管理以及改革艺术体操训练理论的教学内容和教学手段理念推动下的一次尝试，是我们在已经开发的“艺术体操训练指导信息系统”的基础上，专门针对学校开发而成的。与本书配套的软件系统历经数年开发和研究，已经在华北电力大学艺术体操训练中试用并取得了良好的效果。

本书具有以下特点：

1. 理论性强。本书提炼传统的艺术体操训练和指导理论，将艺术体操训练的规律和特点与国家艺术体操训练大纲相结合，增加了艺术体操训练的指导体系，介绍了艺术体操的演进和现代信息技术与艺术体操训练的发展概况，使本书具有较为厚重的理论基础。

2. 内容新。本书运用医学和生物学的监督和考核体系指导艺术体操训练，从体育运动学和统计学的角度对体育训练指标体系进行了总体阐述，并采用最新的信息技术，结合现实训练活动的需求进行了系统的开发和实践。

3. 实用性强。本书及其配套系统既可以作为各类学校组织艺术体操训练的系统工具，也可以作为高校体育专业艺术体操理论课程或选修课程的教材或教学参考资料，以改革教学内容和教学手段，满足学生拓展知识和提高能力的需要。

本书在设计和编写过程中，参照了艺术体操训练大纲和体育信息管理系统开发等相关书籍，得到了院校领导和同仁的大力支持，在此表示深深的谢意。如有错误不妥之处，敬请使用者提出宝贵意见。

作者

2019 年 6 月

目　录

第一章　艺术体操基本理论

第一章　艺术体操基本理论

第一节　艺术体操的起源与发展

艺术体操是目前受到广泛欢迎的一种体育运动。在预先设定好的较为优美的音乐声中，运动员徒手或持轻器械进行的一种结合一定舞蹈动作的体育运动，被称为艺术体操。艺术体操分大众性质的和竞技比赛性质的，适龄人群跨度较大，从青少年到中老年，都可以参与其中。特别是大众性的艺术体操，具有非常强的娱乐性，可以帮助人们强身健体，因此在人们的日常生活中广受欢迎。

一、艺术体操的起源

（一）古代健身舞

在原始社会，人们日复一日地重复着艰苦的社会劳动。这些实践活动帮助早期的人类不断向着智慧型人类进化。早期原始人的群居生活同样也在帮助原始人类发展，除了个体行为之外，人们也逐渐学会了同伴之间的集体性配合动作，如交换、对抗等。所有这些个人的、集体性的行为模式，都是人类长久发展的原始动力和必不可少的肢体语言。随着社会科学技术的不断发展，人们慢慢发明创造了属于人类的文明与文化，如医学、庆典、体育等。其中，人们通过摸索与实践，发现经过加工美化后人体自身的动作可以转换为优美的肢体语言。当时人们出于对精神文化的需要与追求，逐渐将这种肢体语言训练成更加有节奏和规律的动作，这就是早期的古代健身。与此同时，古代健身还根据不同的需要，逐渐发展出不同的模式，如医疗体操、健身舞蹈、祭典舞、军队舞蹈等。

我国古代历史文献中，如《尚书》《晋书·乐志》《宋史·乐志》等，记载了各种形式的古代健身舞蹈形式，像尧帝时代的“击石拊石，百兽率舞”；汉朝的“折腰舞”“蹋鞠舞”等；宋朝官方定下的 20 种舞蹈形式等。在宋朝有明文记载的 20 种舞蹈中，有 10 种舞蹈是专门为女孩准备的，所有作为舞伎的人选都要从孩童时就进入宫廷被编队，开始训练。女孩儿们练习的多是些带有辅助工具的柔美形式的舞蹈，像抛球乐舞、拂霓裳队等。古时候的这种以音乐为背景进行的或徒手或手持器具的极具节奏感的动作就是我国健身舞的原型，虽然当时的人们并没有健身这个理念，所谓的舞蹈也只是祭祀或庆典，但不可否认的是，这些灵巧而健美的动作，在带给人以美的同时，也健壮了人们的体魄。古时候的人们就是通过这样的行动来实现健身或娱乐的。

（二）艺术体操的萌芽时期

自然体操的出现，要归功于两位著名的教育家，他们分别是法国的让·雅克·卢梭和瑞士的裴斯泰洛奇，他们由于受到近代教育思想和儿童自然成长理论的影响，早在 18 世纪就已经意识到自然体操的重要性，并付诸于行动主动创编。而率先将自然体操实施到学生的体育课中的是德国体操家巴泽多。

随着自然体操的不断发展，18 世纪末 19 世纪初，德国和瑞典的艺术体操已经出现了不同的派系，在德国比较受欢迎的是杨式体操，而瑞典则比较流行林式体操。林氏体操学派的创始人佩尔·亨里克·林还根据体操的功能编写了《体操的一般原理》一书，在这本书里面他将体操的功能归为四类，分别是教育类、军事类、医疗类、美学类，这就让自然体操在美的基础上有了更加明确的定位。德国体操家阿·施皮斯也在比较早的时候认识到体操的重要性，在 19 世纪中叶，他在学校的体育课中引入了杨式体操，与此同时他还认为在进行体操的过程当中要有一定音乐的协同，性别不同其练习的体操动作也不尽相同。此时的法国也认识到了体操的重要性，法国舞蹈家弗·德尔沙丘物亲自创编的体操类型的动作体系，最开始的时候并不是体操，只是为了改善某些演员的表演动作，但这套动作极具美感，同时对身体的锻炼也极具科学性，这就在某种程度上为欧美体育界带来灵感，他们将很多充满想象的动作编入了自然体操当中，以抒发自己内心的快感，此外还能达到健康身心的目的。综上所述，19 世纪中叶，虽然具有普遍性的艺术体操已经崭露头角，但由于这时期的艺术体操仅仅是身体动作体系中的一个概念与成型，体操和其他艺术之间的影响和交融还在进行，不管是在内容上还是形式上，认识并不统一。

二、艺术体操的形成

19 世纪末 20 世纪初，当时的社会大背景提倡文艺革新、妇女运动以及教育改革。就是在这样的情况下，一大批生理学家、音乐家、舞蹈家及体操家对体操进行了实质性的改革，使现代艺术体操不管是艺术形式还是对当代人们的作用都跟上了时代的步伐，可以说贡献非凡。

乔治·德迈尼（G. Demeney）作为法国著名生理学家，他始终坚持的观点就是女子体操应趋向于动作的艺术性、运动的技巧性以及保证女子体态的正确和柔软性；而来自瑞士的音乐家、教育家台尔克罗兹（E. J. Delerozel）根据音乐节奏设计了一套与之相配合的身体练习，也就是“音乐体操”，这种体操以其独特的风格和方式受到当时人们的喜爱，后来他的学生对这种题材进行了再次创作，使之发展成为著名的“韵律体操”。随着体操的不断发展，德国现代体操家博德（R. Bode）对韵律体操的动作节奏理论进行了进一步深化，并在此基础上对动作进行发展和再创作，逐渐创造出一种新的体操动作，那就是身体波浪动作，也就是极具价值的“表现体操”，艺术体操就是在“表现体操”与“韵律体操”的基础上发展而来的。

随着体操的不断发展，越来越多的人参与到体操的创编和理论的发展当中，这里面还有一位体操界的大师——德国体操家梅顿（H. Medom），他在已有体操的基础上，结合女性的体质长处，创编了一套强调自然全身动作、于女性更加适合的体操体系，这种体操对于球操、圈操、火棒操的练习有很大的帮助。

与此同时，邓肯（I. Duncan）和拉班（R. V. Laban）两位世界著名的舞蹈大师在体操韵律性和自然性的基础上开创了现代舞蹈，从另一角度来说也促进了艺术体操的发展。之后的艺术体操开始走出欧洲，走向全世界，20 世纪 40 年代开始进入美洲，直到 20 世纪 50 年代亚洲才出现。

三、艺术体操的发展

如前所述，我们知道艺术体操的发源地是欧洲，20 世纪中叶传入美洲和亚洲。然而，艺术体操真正对世界产生影响并在全世界范围内开始广泛流行的时间是 20 世纪 60 年代，此时的艺术体操已经被国际体联作为独立、新兴的体育项目进行推广性发展，直到现在。如果对艺术体操的发展阶段进行划分，我们可以将其分为以下两个阶段。

（一）艺术体操国际化发展阶段（1962~1996年）

艺术体操国际化的第一个阶段应该是20世纪60年代初至90年代末期，此时的艺术体操已经被国际体联纳入体系之内。在这段时间里，由于国际体联的存在，艺术体操的各个方面不断完善，推广的范围也越来越广，最终在一系列的竞赛与发展当中具有了完整体系和规范、统一、权威的国际准则体系。

1967年，为了使艺术体操的竞赛内容更加完善，在丹麦首都哥本哈根举行的第3届世界锦标赛上，由6人组成的团体赛首次被国际体联增加到了比赛项目当中。之后，为了加大艺术体操在世界范围内的发展力度，国际体联增设“现代体操委员会”，从另一方面体现出国际体联对艺术体操的重视。1968年，在现代韵律体操委员会的推动之下，艺术体操的国际比赛准则和裁判（评分）规则更加完善和具体，这也是该委员会做出的重大贡献之一。

1975年，根据国际奥委会对艺术体操申奥条件的要求，国际体联决定将“现代韵律体操委员会”（现国际体联艺术体操技术委员会）提升为一个独立的委员会，并将现代韵律体操（Modern Rhythmic Gymnastics）改名为竞技韵律体操（Rhythmic Sportive Gymnastics）而沿用至1997年。同年，在西班牙举行的第7届世界锦标赛上，国际体联取消了规定动作的比赛，决定在国际艺术体操比赛中不再增加新的轻器械项目。至此，这项年轻的女子运动项目在国际体联日臻完善的修正与推动下，完成了运动内容与形式的基本定型。

1996年，艺术体操集体项目也被列入奥运会比赛项目，并在第26届亚特兰大奥运会上进行了首次比赛。这意味着艺术体操国际化发展目标阶段性的实现。同时，国际体联艺术体操技术委员会相继公布的几项重大决定，也对艺术体操进入现代发展阶段有着重要的推动与指导作用。

（二）艺术体操现代发展阶段（1997~2016年）

从20世纪20年代始，经过近百年持续发展的俄罗斯，成为世界上最早创建科学、系统、完整的艺术体操教育、训练与科研体系的国家。正是依靠这种体系的支撑，俄罗斯不断拓展了艺术体操发展的内涵和空间，将艺术体操全面推进到高水平、创新型的发展阶段，创造了现代艺术体操发展的奇迹，成为当代世界艺术体操发展的典范。在体现竞技艺术体操最高水平的2000年悉尼、2001年雅典、2008年北京、2012年伦敦连续四届奥运会中，俄罗斯包揽了艺术体操个人全能和集体全能的全部金牌，缔造了以伊琳娜·维涅尔为代表的划时代的卓越教练员和以尤利亚·巴尔苏科娃、阿琳娜·卡巴耶娃及卡纳耶娃·叶夫格尼亚等为代表的划时代的优秀运动员。她们和无数艺术体操开拓先驱一样，将永远闪耀在艺术体操璀璨的历史星空中。

2008年北京奥运会后，国际体联在认真总结艺术体操高水平、创新型发展经验的基础上，颁布了新的艺术体操评分规则。这一规则强化了艺术体操创新型发展的理念，拓展了体育与艺术相融发展的创新思维，用大幅提升艺术价值分值比例来释放竞技难度与艺术美韵完美结合的发展潜质，引导艺术体操在发掘现代文化底蕴和经典艺术元素的创新实践中升华。在2009年日本世界艺术体操锦标赛后的历次世界锦标赛和奥运会上，几乎所有参赛国都不同程度地改变了以往盛行的成套动作配迪斯科音乐的竞技风格，在缤纷绚丽、光艳无比的融汇世界经典艺术元素和具有民族文化底蕴与民族特色元素的竞技风格中，彰显着艺术体操矫健柔美、高贵高雅的运动特质，展现出艺术体操高水平、创新型发展的时代特征与无限美好的发展前景。

四、我国艺术体操概况

我国艺术体操的发展经历了三个阶段。

（一）中华人民共和国成立前的发展概况

这一时期，现代舞蹈、韵律体操和轻器械操传入我国。在上海、天津一些教会学校中教授德式体操、丹麦体操以及哑铃、棍棒、火棒、小球、纱巾、跳绳等轻器械操，男女生均可参加。用这些新颖的练习发展学生的身体素质，受到学生欢迎。这些练习可以看作我国艺术体操的前身。

（二）艺术体操的引进和初步开展

20世纪50年代初，艺术体操由苏联传入我国，我国首先翻译出版了由苏联尤·恩·希什卡列娃编写的《艺术体操》和科尔达诺夫斯基编的《艺术体操图解》，较系统地介绍了艺术体操基本理论知识。1953年我国邀请苏联体操队来华访问表演，首次向中国人展示了藤圈操、纱巾操等艺术体操项目。1955年聘请苏联专家凯里舍娃到北京体育学院任教，为我国培养了第一批艺术体操教师。接着上海、沈阳、成都、西安、武汉等体院开设了艺术体操课，培养出更多的艺术体操教师，将艺术体操传播到全国各地的大、中、小学校，使得学校体育增添了新内容，但长期以来艺术体操并未能得到广泛开展。

（三）艺术体操的进一步发展

1978 年后，加拿大、瑞典、日本等国的艺术体操队先后来华表演了艺术体操，引起强烈反响，促进了艺术体操在国内的传播与推广。目前，艺术体操作为各级学校的体育教学内容、素质教育的有效手段受到了应有的重视，已进入各级学校的体育教学大纲。同时，随着全民健身活动的开展，艺术体操已不再局限于青少年学生参与，也是广大健身者喜爱的运动形式。

为了使艺术体操在全民健身中发挥更大的作用，各体育院校的师生在辅导社区晨练时积极传播、推广艺术体操，中央及部分省、市电视台在健身栏目中播放艺术体操成套动作。一些省、市还组织艺术体操表演、比赛活动，使大众艺术体操作为教育手段、健身方法走向全国，进入课堂，深入民间，在全民健身的热潮中得到快速发展。

第二节　艺术体操的价值

艺术体操同时兼顾了体育的阳刚和舞蹈的柔美，自兴起时，就以自己独特的艺术价值感染着众多体育和舞蹈爱好者。艺术体操所具备的主要价值可以总结为以下三点，即主体展现价值、美学价值和技术价值。

一、主体展现价值

艺术体操对人主体价值的展现主要体现在几乎完美地将人对自身价值认识的结果表现出来。一方面，艺术是人类社会特有的活动方式之一，是人类思维对自然、社会和人类自身活动认识的特殊产物。“只有人类才有可能认识和理解艺术”这一判断已经得到了人们的共识，人类对艺术的理解反过来又强化了人主体价值的自我体验；另一方面，艺术体操作为一种特殊的艺术表现形式，其内在的内涵和价值越来越被人们深刻理解。这种特殊的艺术表现形式，是通过人体运动过程来完成其使命的。以人体运动为基本方式，在运动中展现人类主体对自我的理解和对生命、自然的感悟。缺少了人体这一具体的表现方式，艺术体操必然会失去其特殊的价值内涵，而混同于一般性的艺术表现方式，如绘画、音乐等。因此我们说，人体的基本活动是艺术体操创作的基础，当人类在运动中不断领会自身对于生命与生命、生命与自然、生命与群体之间关系的时候，也就构成了任何一项运动的内涵，艺术体操作为人类一种特殊活动方式自然也不例外；只有当运动者对这一内涵进行深入探究与理解，才能体会到艺术体操内在的价值，才有可能在表演的时候将蕴含于艺术体操中的深刻而完美的价值全面表现出来。

二、美学价值

美学价值是艺术体操外在表现的价值方式，是艺术体操的本质特征；艺术体操是美的一种存在形式。尽管如何认识美、美何以产生等基本问题长期以来备受争议，但是美是基于人主体价值判断而产生的这一观点至少得到了多数人的认可。

（一）艺术体操美学价值的构成因素

关于艺术体操美学价值的构成问题的阐述，主流观点是：艺术体操的美学价值主要是由人体美和动作美等构成。

可以说，艺术体操是融体操、舞蹈、音乐于一体的具有丰富内涵的运动项目之一。而这三者的存在和展现，则是依托人体这一载体进行的，即人体美是艺术体操的根基。艺术体操所表现出来的人体美主要包括：匀称的骨骼；丰满、优美而凸显流线型的肌肉；协调而灵巧的肢体运动；优雅的姿态语言等。除此之外，运动员经过长期训练所形成的独特、优雅而高贵的艺术气质，也成为吸引人们注意力的重要因素。人们可以通过阅读艺术体操运动员的形体美、气质美，来深刻理解艺术体操独特的美学价值。

在艺术体操表演的过程中，要想将其中的肢体语言表现出来，同时还要给观众以美的享受，运动者在运动的过程中就要充分利用自身所处的空间维度，在这样一个固定的空间维度中，充分利用自己的肢体勾勒出具有美感的肢体语言，也就是所谓的动作轨迹。而所谓的动作美就展现在运动者施展动作的过程中。一般来说，能够表现出艺术体操美学价值的动作结构主要包括力量、柔韧、协调、灵巧、速度与静止等。这些动作基本结构在时空上的不同组合，成为艺术体操动作美的来源。当然，艺术体操动作美的基础是运动员对单一动作、组合动作的自如的控制能力。运动员通过自然流畅的运动轨迹、娴熟顺畅的动作衔接、适宜的动作幅度、动静有致的姿态变化、不同风格的相互转换等，将艺术体操的价值表现得淋漓尽致，富有感染力。

（二）艺术体操美学价值的内涵

通过对艺术体操的深入分析，我们知道艺术体操的价值内涵有以下几方面。

系统美：艺术体操的系统美主要是指其美学价值的展现是通过各要素构成的一种系统化的运动方式来完成的。在艺术体操的系统中，人、场地、音乐、着装、运动技术系统等是主要的构成要素。换言之，在艺术体操系统运行过程中，人构成了艺术体操系统的基础，而艺术体操又成为人主体价值展现的方式；艺术体操系统整体性的运行，从总体上表现了艺术体操所蕴含的美学价值，而这种美学价值同样是以人的主体价值为前提存在的。

协调美：既然艺术体操是一个完整的、高效运转的美学系统，那么这个系统的构成要素之间必然要通过协调运作来实现对美学价值展现的目标。人们会对那些运动技术系统流畅、服装搭配合理优雅、音乐感人肺腑、人与场地完美融合的艺术体操表现给予充分的肯定，报以热烈的掌声。当然，人在运动中的表现——表情、神态、气质、举止等同样是与运动技术系统、服装、音乐、场地等其他构成要素保持高度的协调性的，即只有这些因素实现几乎完美的协调运行，人们对艺术体操的美学价值才能认识得更加深刻。

创造美：艺术体操的美学价值更多地体现在通过一定的方式和途径，创新性地完成基本的运动过程，体现人体与艺术的完美结合。艺术体操通过高难度的动作组合、富有创造力的技术组合、出乎人们想象的艺术组合等方式，将人类主体能动性、创造性和理解力等表现出来。正是艺术体操所独有的创造美的价值推动了这个项目的快速发展，并使之成为完美表现人类主体能动性、创造性、审美能力等价值的一个可以明确观察到的价值形式之一。

三、技术价值

艺术体操是以和谐的技术运动体系为基本表现手段的，技术上的精细、灵巧构成了艺术体操特有的价值内涵，表现出技术的价值。

一方面，艺术体操的技术价值表现为人体有效地运动和展现自我价值等方面，即人类通过思维创造并借助于艺术和美的展现方式表现出人类特有的对美学价值的理解程度；另一方面，艺术体操同样表现了物质层面的创造过程和结果，即艺术体操通过对物质性的技术体系的构建和展现，来表现技术的价值与人类主体价值的完美结合。

（一）艺术体操是以运动技术为基础的项目，表现出完美的运动技术的运动过程

在艺术体操的技术体系中，不同的节奏变化，表现出来的艺术特征、艺术价值及带给观众的美感也会有很大的变化。在艺术体操表演的过程中，由于不同的节奏尤其独有的技术体系，因此改变节奏就意味着艺术体操技术的改变，各技术体系的速度、舒缓与紧凑等就会根据不同的节奏产生出不同的技术组合。从外在形式来看，艺术体操具有强烈的节奏特征，并通过节奏的变换表现特殊的美学和技术价值。一般说来，不同的节奏可以形成艺术体操不同的动律风格，表达出不同的情绪和感情：快速而强烈的节奏多表现欢快、热烈的情绪，缓慢而深沉的节奏多表现忧郁、缠绵的感情。节奏能够赋予艺术体操特殊的魅力，增强艺术体操在静态、动态的构图画面的动作感和生命力。我们甚至可以这样说，正是因为艺术体操的这种通过一定节奏来进行的肢体表达，在一定程度上让人们感受到了蕴含于其中的无限魅力，并且在观众的心中产生了一种深刻共鸣，所以才受到人们的广泛喜爱，并且被艺术体操在表演过程中所表现出来的深刻感情所打动。

（二）艺术体操通过物质性技术的规范，构建自身运动的技术体系

艺术体操必须通过物质性技术的规范——技术的可测量性和量化的规则来实现技术体系的创建和发展。这主要表现在人类可以通过一定的方式和方法，对艺术体操的运动过程进行量化的研究，并根据量化原则来实现对这个项目的规范。

艺术体操价值的一个重要特征是技术价值与人类自我完善价值是紧密结合在一起的。一方面，技术是人类主体展现的方式，是艺术体操存在和发展的基础；另一方面，人类在艺术领域中，通过创造具有特殊性价值表现形式的、流动性的艺术过程，来表达人类主体对自我价值外显方式——技术的认识程度。

第三节　艺术体操的本质特点

艺术体操是一项徒手或手持轻器械在音乐伴奏下以自然体操和韵律性动作为基础的体育运动，具有适应女子心理和生理特征，在自然体操的基

础上以节奏为中心、合理运用器械、音乐伴奏的特点。然而，伴随艺术体操50年来不断存优汰劣的自我完善和国际化普及与推广中的变革与创新，艺术体操现代发展理念及发展历史的重新审视、梳理、挖掘与研究，对艺术体操项目及本质特点，有了更科学、更准确、更深刻的理解与诠释。

一、体育与艺术相融发展的项目特点

在艺术体操形成的过程中，无论是瑞士音乐家雅克·达尔克罗兹将音乐节奏与身体节奏相融合的音乐体操体系、德国著名体操家鲁道夫·博德创编的体操表现中融入舞蹈美表现的身体波浪动作，还是美国著名舞蹈家、现代舞的创始人伊莎多拉·邓肯、德国舞蹈家鲁道夫·拉班对舞蹈、体操变革发展的理论与实践，其落点都在探索体育与舞蹈的完美结合上，因此，在体操中融入舞蹈元素与音乐韵律的艺术体操，开始具有了体育与艺术相融发展的理念和特点。

在现代体育发展时代，艺术体操更广泛地借鉴和融入了古典芭蕾、现代芭蕾、现代舞、民族民间舞等不同种类的舞蹈元素，更广泛地借鉴和运用了古典音乐、民族民间音乐、现代音乐、流行音乐等不同风格、不同节奏的音乐旋律，刻意更宽泛地追求所有舞蹈类型中的体美表现元素。所以，在全世界224个国家和地区中，不同类型、不同风格、不同形式、不同时代和不同文化背景的舞蹈类型中的体美表现元素，都是艺术体操学习、借鉴、汲取和相融的对象。由此，构成了现代艺术体操广袤无垠的体美表现的资源平台，加之体育元素、器械元素、音乐元素的叠加，艺术体操成为现代体育项目中，体育与艺术结合最紧密，体美表现和创新资源最丰富的女子体育项目。

二、合理运用多种轻器械的运动特点

艺术体操合理运用轻器械的先驱者是德国体育学家欣里希·梅顿（Hirich Medan）。梅顿是20世纪初毕业于德国博德体操学校的音乐和体育教师。因为对韵律体操中球操、圈操和棒操的卓越建树，梅顿在被载入艺术体操发展史册的同时，也赋予了艺术体操合理运用多种轻器械的运动特点。

更引人注目的是，在大众艺术体操领域中，除包括竞技艺术体操中绳、圈、球、棒、带5种轻器械外，还涵盖了以纱巾、花环、彩球、哑铃、扇、手鼓等为代表的几乎所有的有助于身体练习和体美表现的、不同国家与民族风格的各类手持轻器械。因此，在音乐旋律中身体动作与器械动作融为一体，合理运用多种轻器械的运动特点，在大众艺术体操中就体现得更为突出，从而更有助于练习者领略动作中的快感和美感，使促进身体健康、姿态优美和举止高雅的运动价值得到更充分的体现。

三、完美表现女性优美体姿的美感特点

在艺术体操形成时期，艺术体操就是一项适合女性生理、心理和身体特点，以形成并完美表现女性优美体姿为突出目标的女子练习项目。在现代艺术体操理论与训练体系中，无论是体育与艺术相融，还是多种轻器械的合理运用，也无论是各种类型的把杆练习、地面练习、中间舞姿练习、韵律节奏练习等为代表的艺术素质训练，还是以柔韧练习、转体练习、跳跃练习、平衡练习、灵敏性练习为基础的体育素质训练，都延续且丰富了形成和完美表现女性优美体姿的运动本质与特征。正是由于艺术体操刻意的全面追求对女性健美体形塑造、优美体姿形成和高雅气质培养的独特的训练体系，形成了与健美操、花样游泳、花样滑冰等为代表的难美类体育项目迥然不同的、重在女性优美体姿和体美表现的美感特点。矫健柔美、高贵高雅是艺术体操美感特点的表现主体，而美感特点的审美客体则是艺术体操中无处不在的健美体形、优美体姿和高雅气质。

第四节　现代艺术体操发展理念

竞技难度与艺术美韵的完美结合始终是现代艺术体操发展的核心理念。围绕这个核心，在不断提高对体育元素、器械元素、舞蹈元素与音乐元素借鉴、理解与运用的基础上，创造出许多富有时代美感的体育艺术作品。更极大地提高了艺术体操现代发展的整体水准，在充满竞争和挑战的时代中，引领并推动艺术体操向着更高的境界不断地探索、突破与创新。

1997 年，在国际体联颁布的国际规则中，首次做出了对艺术体操成套动作艺术价值评判的规定，在 2009 年后乃至在 2013 年国际规则的变化中，逐渐或取消或降低了超难、超惊险类动作的数量和加分值，在逐步提升艺术价值分值的同时，对成套动作的编排做出了要有主题表现的规定（包括音乐主题表现）。这就意味着在艺术体操对舞蹈艺术历史发展的借鉴中，在竞技难度与艺术美韵的完美结合的发展理念的基础上，现代艺术体操发展理念产生了质的突破，即将竞技难度与艺术美韵的完美结合的发展

理念，升华到探索基于体育属性的外在美与基于艺术属性的内涵美的完美结合，具有美学、哲学与生命意义的更高境界。

如今，艺术体操正以竞技、教育、表演、健身、康复、男子艺术体操等形式，在全世界50余个国家和地区广泛普及与推广。无论是在艺术体操体育与艺术相融发展、合理运用多种轻器械、完美展现女性优美体姿的本质特点，矫健柔美、高贵高雅的美感特征，还是在健美体形塑造、优美体姿形成、高雅气质培养的核心价值和基于体育属性的外在美与基于艺术属性的内涵美完美结合的努力探索中，都蕴含着艺术体操非凡的生命活力和发展潜质。

第五节　我国艺术体操的发展

相对来说我国的艺术体操发展时间较晚，与艺术体操先进国家相比还存在不小的差距，但随着我国近些年的大力追赶与广泛普及，以及我国对艺术体操实行科学训练的政策导向，我国艺术体操的水平已经逐渐赶上。相信在不久的将来，我国艺术体操的整体水平将会发生质的改变，出现整体的升华，从艺术体操的追随者，逐渐转变为艺术体操的创新者以及引领者。

一、我国艺术体操发展现状

改革开放以来，我国经济和科学稳步发展，并取得了不小的成就，但在体育方面，我们仍然是追随者，其中就包括艺术体操。整体来说，艺术体操在技术层面上已经有了巨大的进步，与以往相比已经从量变转为质变，不管是在难度上还是在创新层面都已经今非昔比，训练方法也紧跟国际步伐。但是，由于艺术体操在我国的发展速度太快，不管是技术还是规则方面的变化相对比较频繁，这就为现代的艺术体操教练提出了新的难题，他们要想继续自己的艺术体操教练生涯，就要不断更新创新已有的技术，还要及时丰富知识储备，只有这样才能跟上时代步伐，为促进我国艺术体操的可持续性发展之路做出自己应有的贡献。

艺术体操在刚刚进入我国的时候并没有得到足够的重视，相关的理论和实践也相对落后，直到有一次与意大利的艺术体操运动员进行切磋，才发现双方之间运动员和教练员之间的差距。相对来说，他们的教练员在指导的时候更有针对性，意大利艺术体操运动员的训练时间也更少，但就是在这样的情况下，他们取得的成绩却比我们要好很多。这也在一定程度上对我国的艺术体操发展起到了一定的启发性，只有注重高质量的训练模式，才能更有效地推动艺术体操的发展。

当前，由于担任艺术体操教练的都是一些高校或俱乐部专业人员，他们常年的工作就是研究艺术体操的相关理论和实践，因此在实际训练艺术体操运动员的时候，会采用非常专业和科学的方式对运动员进行指导和训练，这也是我国艺术体操运动员为什么会取得如此大的进步的主要原因。他们在训练的时候，由于方式方法得当，往往只用很少的时间就能让艺术体操运动员取得实质性的提升，并取得突出的成绩。

二、目前我国艺术体操存在的问题

（一）运动员的身体素质较差

与世界范围内的运动员相比，我国的运动员整体来说体质相对较差，这就非常影响艺术体操在比赛中的成绩。我们知道任何一种运动的基础就是运动员的身体素质，上乘的身体素质，对于完成高难度的动作具有先天的优势，这也就是为什么运动员在掌握技术之前首先要提高身体素质的原因。

通常情况下，教练员都将锻炼运动员的身体素质当作训练中的一项重要任务，通常包括运动员的柔韧性、弹跳力、平衡力等，只有拥有良好的身体素质，才具备完成高难度动作的基础。相对来说，国外运动员具有更好的身体素质，这也就意味着他们在弹跳力和平衡力等方面将会有更好的表现。虽然我国的艺术体操运动员整体来说在身体素质方面还与西方运动员存在一定的差距，但我们始终相信，只要进行合理的营养补充和锻炼，这中间的差距一定会不断缩小。

（二）动作编排缺乏创新

在艺术体操中动作的编排非常重要，一套完整的、具有创意的动作完全是能够拿高分的，并且能够把运动员的优势和特点完全发挥出来，所以艺术体操动作的编排要能够烘托出音乐表达的含义，动作要流畅、优美，具备一定的新意，并且现在技术价值在不断地提高，这就需要在动作的编排上追求创新，但是目前我国的艺术体操动作编排只是向着高难度发展，而忽略了动作编排中的新颖性和创新性。

（三）艺术体操运动员缺乏表现力

艺术体操要求运动员有很强的表现力，但是目前我国艺术体操运动员的表现力比较差，俄罗斯专家评价中国艺术体操运动员虽然技术比较强，但是在表现力方面有一定的欠缺，只要能够集中注意力，就能够有效地提高表现力，从而间接性地提高了动作的价值。所以运动员在艺术体操的训练过程中不仅仅要掌握技巧和技术，还要加入内心的情感与美感，很多运动员之间的差距不仅仅是技术方面的，而是缺乏去理解动作之间的美观之间的差距。我国很多运动员在训练过程中下了不少功夫，努力地练习动作，但是在排练过程中没有感受到音乐的灵魂，使得其在艺术体操中不能把美感表现出来。

（四）艺术体操未能普及

任何行业想要得到持续性的发展都必须重视普及，而我国还没有解决艺术体操的普及问题，间接地影响了后备力量的储备。我国在艺术体操发展中严重缺乏后备人才，在选取艺术体操人才的时候通常是通过参赛人员成绩的好坏来评估，导致在进行高水平运动时新老队员交换非常困难。

三、加强我国艺术体操科学训练的对策

（一）加强体能训练

人体素质是影响艺术体操成绩的直接因素，所以在艺术体操科学训练中要着重加强体能方面的训练，其中包括力量、柔韧度、速度、平衡力、灵敏度等，并且这几个要素之间有着紧密的联系。首先是力量的训练，在艺术体操中运动员的力量是影响训练成绩的最重要因素，在艺术体操训练中重点要训练运动员的下肢力量，包括旋转、平衡支撑等，还要进行跨跳、腿部控制力的训练，只有力量训练好了才能做出一些高难度的动作。其次是柔韧性的训练和速度的训练，运动员可以通过关节的活动来增强其柔韧性，速度训练主要包括速度的耐力、反应等，可以采取超速训练法与弹簧式的反弹训练法。

（二）加强技术训练

在技术训练中，机械的应用是最重要的，因为在艺术体操比赛中，需要借助很多机械来完成动作，包括绳子、棒、圈等，只有掌握好这些器械

的使用方法，才能更好地提高技术，其中使用非标准的器械练习方法能够有效地提高运动员的协调性与连贯性。在训练过程中，运动员要注重成套动作的顺序，让动作在和器械合作时体现出连贯性，连接更加紧密。

（三）加强心理训练

任何一项运动，或者说任何一项社会实践，心理因素的影响有时候甚至是致命的，这种致命性影响尤其表现在比赛的过程中。一名运动员，不管你技术如何，只要拥有良好的心理素质，就能在比赛的过程中取得不错的成绩。在艺术体操科学训练中，心理的训练也占据着重要的地位，运动员只有拥有良好的心理素质，才能安心地参加训练和比赛。因为在运动过程中运动员不仅要承受身体上的负担，同时心理负担也是非常大的，所以在训练过程中除了重视体能、技术方面的训练，还要加强心理素质的训练，以培养运动员的兴趣爱好，提高自身的艺术鉴赏力，全方面地提高自信心，使其能够在比赛中取得更加优秀的成绩，把一整套动作完美地发挥出来。

总之，在艺术体操科学训练中要紧跟时代发展的潮流，多多借鉴国外的艺术体操流程方法，在保持具有中国特色艺术体操的过程中不断地追求创新，提高艺术体操的训练水平，促进我国艺术体操的可持续性发展之路。

第二章　艺术体操训练的基本理论

第二章　艺术体操训练的基本理论

第一节　运动训练管理理论

一、运动训练管理的概念

运动训练管理包括很多内容，其含义是十分丰富的。

从我国来看，很多体育界学者都对其有一些独到见解并进行了定义。

孙汉超、秦椿林通过多年的运动训练管理理论与实践，认为运动训练管理即一种组织方法和工作方法，它基本遵循运动训练的客观规律，并紧紧围绕运动训练的过程一直改进运动训练，是为提高运动训练水平而服务的并把它写到著作《体育管理学》一书中供人们参考。

运动训练是竞技体育活动中最为重要的环节之一，近年来与优化运动训练管理有关的著作也如泉水般不断涌现。有人通过研究进一步认为：运动训练管理不但是一个比较复杂、不简单的动态系统工程，还是一个一直在动态变化的动态系统工程。在这个动态系统工程里，在内部秩序中找寻均衡，在外部环境中谋求发展可以说是管理的基本目的了，而管理的基本功能则是去消除紧张的状态，完成组织的目标任务。

韩立森通过研究认为：运动训练管理不是一个简单过程，它相对来说比较复杂。要提高其效率并看到较好的结果，需要教练员、运动员、科研人员、行政管理人员等角色完成好自己所承担的不同职能，完美地进行分工合作。因而他认为，要改善运动训练管理，不仅需要我们联系实际明确不同角色的职能，加强不同角色间的相互认识和了解，还要适时地改进管理策略，优化管理方法等。

二、高校体育运动训练管理的基本模式

高校体育运动训练管理模式是研究高校体育运动训练管理工作的基础，同样也是我们研究高校体育运动训练管理工作不可或缺的一种手段。

我国高校体育运动训练管理模式一般分为两种：发现模式、爱好模式。

（一）发现模式

发现模式，即在高校工作任务中，通过对所有在校大学生身体素质进行测试后所发现的具有运动天赋的运动员，通过一定方式使其接受并进行体育运动训练，使其有机会在科学管理的基础上取得良好的运动成绩。

（二）爱好模式

爱好模式，即通过高校的体育课堂建立大学生对体育专项的“好感”，使其乐于接受不断的专项训练，并进一步发展成为自己的专项运动，这一部分学生我们可以将其作为体育人口，并在其中挑选出具有竞技优势的大学生作为运动员，随之进行体育运动方面的专业训练，通过体育运动训练管理不断提高自身的运动水平。

三、高校体育运动训练管理要点

高校体育运动训练的管理要点主要为：

（1）训练体育运动的方式最好可以在课余时间展开，并进行课程的合理安排，如寒暑假集中进行训练等。

（2）训练体育运动的时间点要把握好，可以选择大赛之前每日都进行集训的方式。

这不但有利于提高学生的训练积极性，还有利于奠定其训练水平和训练质量的良好基础。

第二节　艺术体操训练指导理论

对艺术体操训练指导理论的介绍主要包括以下三个方面，即艺术体操训练内容体系依据、艺术体操训练内容体系原则、艺术体操训练周期

特征。

一、艺术体操训练内容体系的依据

艺术体操训练内容体系的依据主要包括以下三个方面的内容，即现代系统论原理、大纲的训练任务、艺术体操的项目特征。其中，现代系统论原理是艺术体操训练内容体系的基础依据，大纲的训练任务是艺术体操训练内容体系的理论依据，艺术体操的项目特征是艺术体操训练内容体系的现实依据。

二、艺术体操训练内容体系的原则

艺术体操训练内容体系原则主要包括系统性原则、整体性原则、专门性原则、合适性原则、方便性原则五个方面，下面对其进行具体介绍。

（一）系统性原则

艺术体操训练内容中的舞蹈训练是在芭蕾舞蹈训练体系的基础上进行的，因此，在构建初级训练阶段的艺术训练内容体系时要注意遵循系统性原则。

（二）整体性原则

一般情况下我们认为，整体性原则要求其所构建的各项训练内容指标可以反映整个的训练内容体系。注意全面性原则不仅可以保证指标体系的全面，还有利于之后重点的突出。

（三）专门性原则

在艺术体操的艺术训练内容中，训练课的组织安排要有很强的目的性，要对课的内容和方式加以挑选，要针对艺术体操艺术训练的需要进行训练课的组织安排。

（四）合适性原则

合适性原则要求：一方面要依据运动员特点，安排适宜的训练课程；另一方面，训练内容要安排得合理。同时要求得注意训练的方法和手段的选择，提高训练的效率。

（五）方便性原则

方便性原则要求训练的安排必须方便发挥教练员和运动员的水平和能力。

三、艺术体操训练的周期特征

艺术体操训练周期一般我们把它划分为大周期、中周期、小周期。

大周期注重计划性和长远性的发展，一般是按照全年参加比赛的次数和日程设定。

中周期一般置身于大周期的一般准备阶段、专项准备阶段、赛前准备阶段和主要比赛阶段的训练过程，主要是为不断提高运动员的竞技能力，为竞赛服务的。

小周期一般与大周期结合形成多周期的训练划分，也是艺术体操的常用训练方式。

第三节　艺术体操训练术语

艺术体操动作术语是“大众性”与“竞技性”通用的、说明艺术体操动作和技术的专门用语，包括艺术体操动作的基本术语和艺术体操基本术语的运用。

一、艺术体操动作基本术语

艺术体操动作的基本术语有很多，本节主要介绍艺术体操徒手动作的基本术语和艺术体操器械动作的基本术语。

（一）艺术体操徒手动作基本术语

徒手动作即手不持器械的身体动作，有以下常用基本术语。身体动作常用基本术语包括举、屈、伸、摆动、绕、跳跃、转体和旋转等。

1. 举

举指伸直或弯曲的臂或腿，由低向高抬起，停止在某一位置的动作，如两臂上举，右腿屈膝前举等。

2. 屈

屈指关节弯曲的动作，如屈肘、屈膝、体前屈等。

3. 伸

伸指弯曲关节的伸展动作，如伸臂、伸直腿等。

4. 摆动

摆动指以某关节为轴，以身体某部位为半径所做的钟摆式或挥摆式弧形动作，如以肩关节为轴，直臂向前后、左右摆动。

5. 绕

绕指身体某一部位移动范围在180°以上、360°以下的弧形动作，如两臂经前向上绕至后上举。

6. 跳跃

跳跃，即单脚或双脚蹬离地面使身体腾空的动作，如向前大跨跳、侧跨跳、挺身跳、结环跳、鹿跳等。

7. 转体和旋转

转体和旋转指单脚起踵支撑绕身体垂直轴转动的动作。转体和旋转的区别如下：转体，单脚起踵支撑绕身体垂直轴转动的动作；旋转，双脚起踵或身体其他部位支撑绕身体垂直轴转动的动作叫旋转。

（二）艺术体操器械动作基本术语

器械动作即持轻器械所展现的动作，有以下常用基本术语。

1. 摆动

摆动即摆动手持器械，以肩（肘、腕）为轴所做的钟摆式的弧形动作，如两手持绳，向左摆动。

2. 抛

抛即通过身体某部位（主要是手）的动作，使器械离开人体，掷向空中的动作，如右手持球，右臂前摆向上抛球。

3. 接

接即将运动着的器械停落在身体某一部位（主要是手）的动作。

4. 反弹

反弹即器械从空中落下时撞击地面或人体之后再次向空中运动的动作。

5. 交换器械

交换器械即集体项目中两人或多人通过某种动作形式（如抛接、地滚、反弹、传递等），将自己的器械传给同伴，同时接握同伴传来的器械。

二、艺术体操基本术语的运用

（1）我们在介绍分步动作（即单个的动作）时，一方面要注意我们的身体与我们所使用器械的“先后”情况，一定要熟悉相关术语，并正确使用它们。

（2）我们说明转体，一定要把转了多少度与转体的方向说清楚。

（3）当手持器械做动作时，需要确定手怎么握，器械朝哪个方向等。

第四节　艺术体操训练研究现状

近年来，随着艺术体操训练人数的不断增加，艺术体操规则的不断修改，对艺术体操训练中如何指导学生提出了更加严格和多样化的要求。

如果我们站在艺术体操教练的角度看，需要针对不同身体素质条件的学生为其安排不同的艺术体操训练方案。

随着艺术体操运动的不断发展以及当前各学科交叉综合的深入研究，

越来越多的训练模型和研究方法逐渐地应用到艺术体操训练中，并取得了显著的成效，引起了广泛而深入的关注，也越来越吸引更多的研究者从事艺术体操训练的相关研究。

一、国外研究现状

在国外，针对提高艺术体操训练效果的相关研究有很多，研究重点和方向也不尽相同。国外研究者主要针对艺术体操训练机制以及训练的各个动作环节进行深入研究，通过采用现有的先进技术完成对艺术体操动作环节中各项动作的细节捕捉，进而对训练策略进行整体优化，从该种思路入手，分析并总结艺术体操训练方法。

从身体特征入手，俄罗斯艺术体操训练专家菲尔卡本耶夫，针对艺术体操训练中对于学生体重控制方面对于艺术体操动作的影响进行了深入的研究，提出了一种基于负能量平衡原理的训练机制和 L-carnitine 辅助的训练方式，以此来控制学生的体重。通过进行两种训练方式在实际训练中的实验，表明以上两种方式在控制体重方面都有明显的效果。相比之下，发现 L-carnitine 辅助的训练方式取得的成效更为显著。从心理特征入手，希腊研究者马尔科、吉奥保罗等人进行关于艺术体操训练心理素质指标对学生体操训练质量的影响的研究，提出并分析从心理训练方面提高训练质量的方法。其中，通过对于不同国家参赛学生衣服着装和衣服颜色在比赛中的表现力，以及现场观众的反应程度等数据分析中，总结发现科学的颜色着装以及美学设计等方面的改进和提升，对于学生在训练中的表现有明显的促进作用。部分研究采用数据分析技术和方针基础改进艺术体操训练方法，多伦多大学的雅玛卡娃等人针对艺术体操训练中的跳跃动作，提出了一种基于运动生物力学原理的跳跃计算和仿真模型，采用该模型对学生在训练中的跳跃动作进行详细分析，得到跳跃中的各种技术参数，通过对这些参数的综合统计分析，掌握学生在跳跃中的各项技术指标，有利于指导后续的训练，并在训练中取得较好的效果。加拿大研究者楽林提出一种全新的动态获取带操中高速动作的策略，通过采用这种策略，完成带操动作在运动过程中的动作分析和相应的代数计算，提出在训练中动态获取带操动作的模型，并在实验中证明了采用这种策略的模型在动作捕获中取得显著的成果。日本千叶大学研究者伊藤帆对于不同学生的身体特征进行研究，提出了针对不同学生体质特性的训练方案，并且比较了在方案执行后对于学生训练的影响，在证明取得了很好的效果之后，提供了很好的现实艺术生体操训练指导的依据。

在国外，艺术体操项目发展较好，并且其训练方法的研究获得重视，因此，研究者从多个角度进行研究，并取得了较好的成果，应用于实际的艺术体操项目训练中，在一定程度上提高了艺术体操教学质量。

二、国内研究现状

与国外研究者研究方向有所不同，国内的研究者主要集中从国际艺术体操评分规则演变方面进行研究。通过对于评分规则的详细研究，对艺术体操未来的发展趋势进行深刻分析，基于对较好规则把握的基础上，对比中外学生在训练方面的差异，指导学生进行科学的具有方向性的训练，进一步探索我国艺术体操训练的发展思路。

主要研究方向有通过数学统计方法，将艺术体操表演采用数据分析方法进行表达。孙雪红等将奥运会、亚运会、欧锦赛中参加决赛的艺术体操学生作为研究对象，对中外学生在艺术体操比赛中的技术价值、艺术价值以及完成情况等方面进行十分详细的对比分析，采用文献资料法、问卷调查法、录像分析法、访问调查法、统计分析法、比较法等研究方法进行艺术体操成果分析，进而探究国际艺术体操规则的演变特征，探寻我国艺术体操个人项目发展的思路。

还有部分研究通过建立身体机能指标来判断艺术体操发展水平，其中，于巍巍等通过采用文献资料法、调查访问法、统计分析法和图像解析法等方法，结合艺术体操项目的发展规律，对我国高水平艺术体操学生的技能水平进行分析与研究，在基于研究结果的基础上，遵循一定的检测原理，初步建立我国高水平艺术体操学生身体机能测评指标，并运用该指标检测我国高水平艺术体操学生身体机能发展状况，探索了艺术体操训练的思路。黄素珍、单亚萍等通过研究国际艺术体操评分规则的变化对于学生体能训练的影响，探究了提升学生综合竞技能力的训练方法，为科学指导艺术体操运动训练实践提供理论依据。田铟等从国际艺术体操发展的角度研究创新在艺术体操比赛中的重要作用，分析艺术体操的创新趋势，表明艺术体操的创新已从“改进型”创新走入“独特型”创新的观点，并提出提升学生在创新加分中的优势地位，以便于更好、更出色地完成比赛。金颖、刘丹丹等运用形态技能测试等相关研究方法，对于我国水平较高的学生进行较为全面的形态与机能测试研究，探索艺术体操学生的身体形态、生理机能以及体能训练等指标之间的关系，提出了在基于以上三者之间的关系的基础上艺术体操训练指导模型，从而最大限度地发挥学生体能潜力，提高艺术体操学生的成套体能水平，以适应现代艺术体操技术发展对于体能的需要。

通过学习国内外研究者从事艺术体操训练方面相关研究内容，对于当前在艺术体操领域的研究进展和相应的成果有较为清晰的认识。在国外研究中，主要是针对艺术体操训练机制以及训练中的各个动作环节进行深入研究，通过采用先进的技术完成对于动作环节的细节捕捉，进而优化训练策略方法，其不足之处是，没有对艺术体操的整体训练情况进行详细分析。采用指标分析方法对艺术体操训练进行分析时，仅通过分析软件实现对于艺术体操训练当中各项指标的统计计算，但并没有一个有效便捷的系统完成对于艺术体操训练的指导的统计和分析工作，所以，设计一套艺术体操训练指导系统用于分析艺术体操训练中各项指标，指导学生进行艺术体操训练是非常必要的，并具有重要意义。

国内的研究者主要从国际艺术体操评分规则演变方面进行研究，通过对评分规则的详细研究，了解并掌握艺术体操未来的发展趋势。通过对比中外学生在训练方面的差异，指导学生参与到效果更好的艺术体操训练，探索我国艺术体操训练的发展思路。然而，虽然总结出艺术体操训练各项指标，但是并没有对基于学生的身体素质状况提出艺术体操建设性的训练方案。在艺术体操训练当中各项指标对于整体训练的影响的方面没有进行深入研究和有效分析，实际上，在艺术体操训练中，同一个学生的身体素质与艺术体操训练以及各项训练指标之间是有着深刻的关联关系。

除此之外，在国内外研究的基础上更应结合我国当前艺术体操基础训练现状，从而对艺术体操做出更规范的指导。

三、我国艺术体操基础训练及其研究现状

与过去相比，近十年来我国的艺术体操基础训练的情况已经有很大改善，从基层教练员的角度看，一方面，他们已经认识到对运动员的身体素质训练和对运动员的基本技术训练的重要性，另一方面其在训练实践中也结合自身经验提出很多非常有效果的训练方式。但是，和艺术体操的世界水平相比，我们还有很大差距，很多方面仍有问题需要尽快解决。

（一）基础训练大纲方面

基础训练大纲方面存在的主要问题有：没有统一的标准、缺乏系统性，如在基础训练时，各业余体校教练员的训练没有统一的标准，以至于训练的内容都不一样，使基础训练应有的科学性和系统性得不到体现和保证。

另外，我国的艺术体操基础训练大纲关系到艺术体操的训练效果，是训练体系的重要组成部分。

因此，我国在艺术体操的基础训练大纲方面的问题应尽快处理好，为提高训练效果打好基础，提高整个训练体系的培养效率。

（二）基层训练环境方面

首先，在实际进行调查后我们发现，我国艺术体操的基础训练中存在只向利益看齐的思想。

其次，从教练员的角度来看，专业队所选拔上来的“高水平”运动员只是比较“会比赛”，却没有相对应的很好的基础功底，如部分进行集体项目的专业运动员，进入成年组却从未接触过彩带。

（三）对基础训练的研究方面

一方面，我们通过对国内艺术体操有关方面的深入研究发现：我国专家与研究者们很少把主要精力和研究方向放到体操的基础训练方面，在这方面的研究相对来说很少，这不免造成了我国艺术体操有关的基础训练方面的理论基础“太薄”。

另一方面，我们要在我国艺术体操基础训练的基础上结合国内外相关研究的理论成果，对学生身体素质各项指标进行分析，并基于学生身体素质按不同的要求对其进行相应的训练，对其提出不同的要求，使艺术体操的基础训练更加系统、科学，以提高效率。

第五节　艺术体操训练监督考核

通常情况下我们认为，艺术体操训练监督考核的内容主要有两个方面，一是医学生物学监督，二是教育学监督。

一、医学生物学监督

医学方面与生物学有关方面的监督，即医学生物学方面的监督，主要指对运动员某些方面内容的评价与确定：在进行有关艺术体操各种类型比赛时，一方面要随时控制疾病，尽量把疾病防治的工作做在预防上面，另一方面要根据比赛各种规定对身体各项指标进行测定与进一步观察，并在这两个方面的基础上对艺术体操表演运动员的身体健康与发育情况做评估。

医学生物学监督的内容详见表 2-1。

表 2-1　医学生物学监督

检查种类	任务	内容与组织
深入检查	1. 检查运动员的身体状况，弄清与正常值的偏差，对预防和治疗提出建议 2. 评价身体训练水平，并对改善教训训练过程提出建议	在体育诊所进行疾病的综合防治：内科、外科、耳鼻喉、妇科、口腔科医生的观察；做专门运动量的心电图测试，分析血液和尿检
阶段检查	1. 监督身体状况，观察指标变化，各种健康表现 2. 检查提出建议的效果，并予以修正 3. 每个阶段训练后评定机能水平，对下阶段计划提出建议	根据内科和专家的建议，在体育诊所有选择地进行疾病系统防治，主要对健康有不良反应的人做心电图分析
现阶段检查	对运动员状况随时进行监督，评价运动员承受的运动量，根据个人情况和计划对运动量、训练手段、方法提出建议	在训练前、训练过程中和训练后，医生和教练共同完成：目测，测脉搏、血压、心电图，协调性试验和平衡测试

二、教育学监督

首先，教育学监督是艺术体操训练监督考核的重要内容，不仅可以非常有效地确定运动员是否有发展的前途，还能及时了解运动员训练中存在的不足之处，对其监督要实现常态化。

其次，我们之所以对艺术体操进行教育学方面的一系列监督，一方面是因为其是我们把握有关训练过程的最基本方面的内容，另一方面，通过考核能对运动人员的体能和“操术”有一定的了解。

所以，艺术体操教练人员，也完全可以在我们已经进行的所有考核的基础上分别对不同情况的运动员进行完全不同的具体指导。

最后需要我们注意的一点是：监督考核一定是要让有一定专业功底和实践经验的有关方面的专业人士来把关。

艺术体操基础训练各阶段考核评价标准的内容包括技术训练评分、机能评分等（具体身体素质考核内容见表 2-2）。

表 2-2 艺术体操基础训练各阶段考核评价标准

年龄	测试内容	动作要求标准	评分方法
7~8 岁	柔韧： 1. 体后屈双手抓课（下桥）	站立，两脚开立与肩同宽，双臂向上体前屈，之后立即双臂躯干向后，双手握深，双臂和腿伸直，停住 5~16s 注意质量	采用 5 分制，测量肩胛骨和大腿之间距离。10cm—5 分；10~20cm—4 分；25cm，腿稍屈—3 分
	2. 体操凳上站立体前屈	体操凳不低于 35cm，膝盖伸直，胸部贴近大腿，停住 6s，没有多余的紧张	采用 5 分制，用皮尺测量手触地—5 分；手距地面 7cm—4 分；8~15cm—3 分；16cm 以上—不予评分
	3. 横叉	在一条直线上由横叉过渡到左、右叉，腿在一条直线上	采用 5 分制，幅度为 180°，腿贴地—5 分；在直线上由横叉过渡到纵叉时距地 10cm—4 分；15cm—3 分；20cm—2 分
	弹跳力： 跳跃体操凳	不间断跳跃体操凳 50 次数 30s	采用 10 分制，每少 1 次扣 0.5 分
	力量： 1. 前、侧、后举腿	扶把，上体保持垂直姿势，脚高于头，支撑腿全脚支撑，膝关节伸直，脚尖绷直。每个姿势保持 5s	采用 10 分制，每个方向（左右腿）评质量和稳定性。稍不够扣 0.5 分，明显不够扣 1.0 分，腿高度不够，每低 10cm 扣 1 分，少一秒扣 1.0 分

续表

年龄	测试内容	动作要求标准	评分方法
7~8岁	2. 仰卧举腿	仰卧，收腹举双腿至45°。膝关节伸直，脚尖绷直，保持5s，做5次	采用10分制，评动作质量和停住时间。稍不够扣0.5分，明显不够扣1.0分，少一秒扣1.0分
	协调性： 学习几个动作和舞蹈组合	在2/4，4/4拍音乐节奏伴奏下，完成波尔卡、加洛波步，双脚跳，单起双落	观察运动员完成几个动作和舞蹈组合的节奏感，观察运动员学习动作的协调性学习动作的快慢
9~10岁	柔韧： 腹卧、体后屈	双臂侧举，大腿触地，肩与地平行，体后屈，手背触膝关节注意肩对大腿的姿势，停住6s。跳绳时躯干直立，膝关节伸直，脚尖绷直	采用5分制，测量肩胛骨和大腿之间距离。5~10cm—5分；10~20cm—4分；25cm—3分
	弹跳力： 双摇跳绳	扶把，上体保持垂直姿势，脚高于头，腿前、侧举时，支撑腿高起踵站立，腿后举时，全脚支撑，膝关节伸直，脚尖绷直，每个姿势保持5s	采用5分制，每少1次扣0.5分；90次—5分；80次—4分；70次—3分
	力量： 1. 前、侧、后举腿	仰卧，收腹举双腿至45°，膝关节伸直，脚尖绷直，保持5s，完成6次	采用10分制，每个方向（左右腿）评质量和稳定性。稍不够扣0.5分，明显不够扣1.0分，腿高度不够，每低10cm扣1.0分，少一秒扣1.0分

续表

年龄	测试内容	动作要求标准	评分方法
9~10 岁	2. 仰卧举腿协调性：学习跳和平衡动作	在 2/4 拍音乐伴奏下，8 拍，1 拍用 1s。1—右腿向前一步，击腿跳，双臂侧面举；2—与上一步骤相同，方向向后；3—重复 2；4—右腿向前一步足尖站立，高举腿平衡，双臂侧举；5 ~ 7 平衡，停住；8—腿放下，脚向后转，站立，与上一步骤相同从另一条腿开始	采用 10 分制，评动作质量和停住时间。稍不够扣 0.5 分，明显不够扣 1.0 分，少一秒扣 1.0 分 注意观察运动员完成跳和平衡的动作质量和与音乐配合的节奏感，身体各部位配合是否协调一致。观察运动员学习动作的协调性和学习动作的快慢
11 ~ 12 岁	柔韧：左（右）腿放在体操凳上纵劈叉	大腿触地，躯干垂直无弯度，肩、髓正直，无多余紧张，姿势保持 5s	采用 10 分制，稍不够扣 1.0 分，大腿没有触地，距地面每差 5cm 扣 1.0 分，少 1s 扣 1.0 分
	弹跳力：双摇跳绳，其中一次交换腿跳	完成 6 组，直腿跳绳，膝关节伸直，脚尖绷直，交换腿跳时，双腿左右成劈叉	10 分制，评价交换腿时，劈叉的度数： 160°—9 分 150°—8 分 145°—7 分
	力量：前、侧、后举腿	不用支撑，上体保持垂直姿势，脚高于头，前、侧举腿时，支撑腿高起踵站立，后举腿时，半起踵，膝关节伸直，脚尖绷直。每个姿势保持 5s	采用 10 分制，每个方向（左右腿）评质量和稳定性。稍不够扣 0.5 分，明显不够扣 1.0 分，随高度不够，每低 10cm 扣 1.0 分，少一秒扣 1.0 分

续表

年龄	测试内容	动作要求标准	评分方法
11~12岁	协调性：学习转体和平衡动作	在音乐2/3拍音乐的伴奏下，持续3拍准备姿势：右腿弓步，双臂向左。1~3次向右转体360°，双臂侧举，每次转体后弹簧式屈膝；4—前选腿平衡（全脚掌支撑），双臂侧后摆；5~7平衡停住；8—还原，从左腿向另一方面开始	注意观察转体和平衡的动作质量和与音乐配合的节奏感，身体各部位配合是否协调一致。观察运动员学习动作的协调性和学习动作的快慢

一般来看，基础训练阶段（7~8岁）的技术训练考核测试内容主要有以下3方面：一是完成身体、器械单个动作的基本功与基本意识；二是对音乐节奏感的把控；三是其舞蹈表现力。

其次，对评分方法进行简介，如同一动作，左边手和右边手（左边的腿和右边的腿）重复做4次，动作稍差则扣0.5分，动作明显未达到标准的扣1分；动作未完成直接扣2分，从10分中减去这4次动作的总和即此动作的最后所得的分。

另外，对于专项基础训练阶段（9~12岁）的孩子，技术训练考核测试内容主要对技术、舞蹈、音乐3个方面的重要训练内容进行测试（具体考核标准见表2-3、表2-4）。

表2-3　专项基础训练阶段身体技术动作考核标准

内容		动作标准	评分方法（5分制）
跳	跨跳 反跨跳	腾空高：两腿开度大于180°	观察跳跃高度和空中姿态幅度
平衡	自由腿水平平衡	直腿，高起踵立停5s以上	观察动作幅度、动作稳定性和起踵情况
转体	自由腿水平转体	直腿举至等于或略大于90°的位置，高起踵转体360°，保持起踵姿势	观察动作幅度、转体度数、转体重心稳定以及落踵情况

续表

内容		动作标准	评分方法（5分制）
柔韧	躯干水平劈腿 高举腿 踹燕	自由腿在水平位置，上体完全与自由腿紧贴两腿开度大于 170°（后腿大于 135°），直腿两腿开度 180°，肩接近大腿	观察动作幅度和质量

表 2-4　专项基础训练阶段器械技术动作考核标准

内容		动作标准	评分方法（5分制）
绳	1. 双摇过绳跳 2. 放单绳（左右手），结合难度 3. 自选：有艺术加分的抛或接	每跳一次摇两次绳，脚尖和膝盖伸直，双手持绳向右绕环。右手伸直上举绕环，左手于右侧体后放绳后接 结合一定的难度	观察运动员脚尖和膝盖动作，以及脚碰绳失误情况。观察运动员的绳形是否连贯，动作有没有停顿。右手是否伸直，左手放绳晚还是早。观察抛接技术情况
圈	1. 垂直抛，转动接 2. 身体长滚圈 3. 绕圈轴转动：向内、向外各 3 次（左右手） 4. 自选：有艺术加分的抛或接	圈沿矢状面转动，圈面平稳，动作连贯，圆滑，节奏均匀，接圈准确，两臂保持侧平举，圈在胸、臂上的滚动要圆滑、平稳、不跳动；以圈自身直径为转动轴，转动轴心要直，圈绕手指旋转圈，动作连贯而熟练	观察抛的出手技术和圈的空中转动是否垂直平稳，以及接的技术。观察圈在三个部位的滚动是否顺畅连贯，没有跳动。观察圈的转动轴心，转动是否顺畅连贯。观察抛接技术情况
球	1. 左（右）手抛，左（右）手接 2. 身体不同部位长滚球 3. 不用手的拍球 4. 向内（外）8 字绕 环，左右手各 2 次 5. 自选：有艺术加分的抛和接	圈沿矢状面转动，圈面平稳，动作连贯，圆滑，节奏均匀，接圈准确 手臂伸直，球滚动圆滑、完整，不跳动 8 字幅度大，球放手上，不抓球、球不靠手臂	观察抛的出手技术和圈的空中转动是否垂直平稳，以及接的技术。观察球滚动情况和身体姿势。观察动作幅度，以及持球技术情况，观察抛接技术

续表

内容		动作标准	评分方法（5分制）
棒	1. 单手或双手抛接双棒 2. 变换方向、面的五花（4个方向） 3. 各种方向、面的小绕环及不对称动作 4. 左右手依次小抛	双棒在空中翻转平稳，两棒平行靠拢，翻转面与地面垂互，接棒准确。动作连贯流畅、速度均衡，五花面平正、准确，每个绕环面平行于地面，两棒始终保持相差80°的关系。要求肩部放松，绕环幅度大，绕面正，动作连贯，转动速度快，转动面垂直地面，依次抛接动作连贯，一棒在空中时抛另一棒	观察双棒的平稳性和棒面，以及双棒的一致。观察五花动作的连贯性、准确性。观察绕环的幅度、面和节奏。依次抛的连贯性，棒的速度和转动面
带	1. 各种蛇形（左右手） 2. 各种螺形（左右手） 3. 拉带抛 4. 小抛（压棍） 5. 全带抛	带的图形与地面成垂直，整个带子构成5～6个幅度相等、距离均匀的波浪形，动作连贯、顺畅整条带子构成5~6个幅度相等、距离均匀的圆环图形，环面与地面平行，动作连贯、快速、流畅带沿侧面大绕环，动作连贯、流畅，器械出手方向正确，带在空中呈弧形，接棍部位距准确动作连贯、流畅，器械出手方向正确，带在空中呈完整的弧形，飞行路线长，带在空中停留时间长，接棍部位准确	观察带的图形以及动作连贯性。观察带的图形以及动作连贯性，器械抛的技术和方向，器械空中运行路线，以及接的技术。器械抛的技术和方向，器械空中运行路线和时间，以及接的技术

总的来说，对我国的艺术体操的基础训练阶段考核评价标准的制定能够从一定程度上避免我国基础训练的盲目性。

教练员能够有机会随时参照考核评价标准对不同阶段的运动员的训练水平进行评价和监督，并可以及时地检查艺术体操的训练效果、充分合理地调整艺术体操的基础训练计划，使我国的艺术体操基础训练渐渐地走向系统化和科学化。

第六节　新规则下的艺术体操训练导向

一、合理安排基础训练阶段训练计划

合理安排基础训练阶段训练计划是指艺术体操的基础训练的安排一般情况下应该带有一定的目的性，如能够使训练目标实现等。

基础训练阶段的训练计划一般以此阶段训练的主要任务及该阶段的基本内容为基础进行安排；还要在了解此阶段运动员的生理、心理方面的特点制定训练计划。

二、合理控制基础训练阶段的训练负荷和比赛负荷

通常情况下我们认为，训练负荷是指在基础训练阶段的训练课程里，以身体练习为基本手段并直接对运动员施加的训练刺激。

基础训练阶段的训练负荷不宜过大，如果在该阶段就对儿童的训练负荷过大，可能会造成非常严重的后果，甚至毁掉儿童的运动生涯。世界著名的保加利亚教练员为儿童艺术体操选手的基础训练阶段制定的负荷标准，就很好地体现了基础训练阶段的有节制和有规律（见表 2-5）。

同时我们要注意：在艺术体操基础训练中，比赛负荷也不能太大，比赛的次数应尽量地少，强度也要小一些，随着训练水平的提高，可以逐步地提高专项训练的项目安排。

表 2-5　保加利亚儿童艺术体操训练负荷的特点

年龄（岁）	周训练时间		不同负荷内容的比例（%）			
	课次	每课时间（min）	一般身体训练	技巧、舞蹈	徒手、器械	理论
5~6	3	45	30	29	39	2
6~7	3	90	27	29	42	2

续表

年龄（岁）	周训练时间		不同负荷内容的比例（%）			
	课次	每课时间（min）	一般身体训练	技巧、舞蹈	徒手、器械	理论
7～8	4	90	26	26	46	2
8～9	5	150	25	24	50	1
9～10	6	150	23	22	54	1

三、艺术体操基础训练阶段的恢复措施

现代艺术体操的基础训练中，提高运动员运动成绩效果最好的是完善恢复措施。

艺术体操基础训练阶段的恢复措施主要包括心理方面、教育手段方面和医学生物学等方面的内容（具体见表 2-6）。

表 2-6 艺术体操基础训练阶段的恢复措施

教育手段恢复措施	心理恢复措施	医学手段恢复措施	物理手段恢复措施
1. 合理地分配最大和最小运动负荷 2. 建立严格的生活制度和教学训练制度 3. 合理安排不同结构训练课 4. 利用多种训练手段和方法，包括传统的手段和方法 5. 遵守合理的练习时间，按明确的方向调节运动量	1. 组织外部条件和训练因素 2. 建立良好情绪的训练环境 3. 形成正确的动机和良好的训练作风 4. 转移注意力和思维，自我镇静，自我鼓舞，自我命令 5. 念动训练	1. 合理的作息制度 2. 保证充分的休息和充足的睡眠（每天不少于 8～9h） 3. 在最佳的时间安排训练 4. 保持合理的营养平衡：每日 3～4 餐，能量分配均衡，早餐 20%，中餐 40%～45%，下午餐 10%，晚餐 20%～30%	1. 淋浴：温水浴（镇静），反差强烈和振动浴（刺激） 2. 盆浴：刺叶浴、“珍珠浴”、盐水浴 3. 温度：80℃～90℃的桑拿和蒸气浴，每周 1～2 次，每次 5～7min，2 组 4. 按摩：用手、振动器、点状按摩器、弓形按摩器等 5. 运动按摩

续表

教育手段恢复措施	心理恢复措施	医学手段恢复措施	物理手段恢复措施
6. 教学训练过程中的因人而异，科学安排 7. 保持合理的循序渐进和间隔休息 8. 积极性休息练习，放松呼吸和恢复呼吸 9. 脊柱和背部的校正练习 10. 休息日	6. 心理调节 7. 转移措施：读书、听音乐、参观等活动	5. 使用专门的营养：维生素、混合品营养、果汁、训练中和训练前的各种运动饮料 6. 卫生程序 7. 舒适的衣服和鞋	6. 高层气压、含氧的气压疗法 7. 电光疗法：动力电流、电刺激器等

第三章　艺术体操训练指导体系

第三章　艺术体操训练指导体系

艺术体操训练相关模型是艺术体操训练指导系统设计与实现的重要基础，同时模型的建立的质量直接影响系统设计的好坏和系统实现效率的高低。本章基于学生在身体素质等各方面存在的差异以及艺术体操训练当中各项动作的规范要求，提出了身体素质指标体系和艺术体操训练指标体系。基于学生训练情况的分析建立了艺术体操训练指导模型，并在模型中加入增量反馈机制，不断优化模型。

第一节　艺术体操训练研究的技术路线

一、数据分析与指标体系

影响学生身体素质的因素有很多，包括学生的民族、地区、性格、身体、性别等。在这些因素当中，有的因素指标很容易进行量化，而有的因素指标则很难进行定量化测量。同时，在艺术体操训练这项特殊的体育运动中，对于学生素质的要求十分严格，有的身体素质因素对艺术体操训练具有很大的影响，而有的身体因素对艺术体操训练的影响微乎其微，所以要从大量的因素中抽取出科学合理的指标，需要通过大量数据分析工作结合实际的艺术体操教学经验，使用属性相关的方式来实现。在此基础上，采用学生的身体素质评估算法来更加真实、准确地反映学生的身体素质情况，对身体素质评估进行反复的数学计算并通过大量的数据验证模型的正确性、合理性和科学性。存在部分数据不能够直接反映学生身体素质的情况，对其提供优化的数学方法进行分析。也存在部分数据对学生身体素质有影响但其影响较小，也能够采用数学方法进行相应的优化，对建立的数学模型进行不断的完善，最终形成能够较为客观地反映学生身体素质模型的基本算法。针对艺术体操训练中要求的各项身体素质进行相关数据的关联方法而建立数据分析指标体系。

二、体育运动学统计方法

统计调查与统计整理是按照统计学方法设计、收集和整理各项数据资料的过程，将收集到的数据资料进行记录、编码、录入计算机中。可以使用SAS统计软件包、SPSS统计软件以及Excel办公软件，获取各项数据后，对各项数据进行分类、编码。在体育统计学中，对于各项训练的属性进行设计相应的测量方法和测量标准，对各项测试属性的数值的要求和测试规则进行详细描述。

艺术体操训练中柔韧度动作要求对学生进行坐位体前屈、转肩等方面的测试。在体育运动学中，这类测试项目均设计为测试的变量，变量的每一组测量数据作为观测值或者指标值，变量的测量结果作为该项测试的数据。按照测试项目类别不同，测试的变量也分为不同的类别，如离散型和连续型，变量的类型不同，则其分布的规律和对其采用的计算方法也不同。在设计测试项目并进行项目测试时，需要对各项测试结果进行分类，如100m测试时间可以近似看作连续型值，坐位体前屈测量值也可以看作连续型值，转肩测试测量值为离散型值等。

项目测试数据可以采用多种方法对其进行分析，其中包括均值法、方差法、误差分析法等。在连续型数据值分析中，其比例量表及其区间量表的设计直接影响计算的精度和效果，划分区间较大则其区分度较小，划分区间较小则其区分度较大，通常会依据经验选取合适的区间划分和区分度。在离散型变量测量值分析中，也需要对其进行相应的分组，对分组单位中不同数据个数进行统计，得到其相关数据资料，例如，单位时间内仰卧起坐完成数量、单位时间完成转肩动作数量等。这些数据均可以采用相对数、率（p）、率的标准值（Sp）等分析方法。在体育运动测量理论中，资料名称为量表顺序量表。在统计处理中，名称量表的变量在数据录入编码时可以使用数字来表示，比如“1”表示男性，“2”表示女性，但只能计算每一类别中每个个体出现的频数和频率，而不能区分大小或进行任何数学计算。

三、定性和定量计算

统计分析就是对研究对象“质”的方面的分析，具体地说就是运用归纳和演绎法对获得的各项数据进行加工，达到对于事物本质的认识，进而揭示其中的内在关联和规律，定性问题通常被用于事物的相互作用的研究中，它主要是解决研究对象“有没有”或者“是不是”的问题。鉴于定性分析在处理定性数据方面的优势，在体育统计学不断发展的过程中，定性分析的方法也被引进到体育训练领域的统计分析中，这解决了传统定量分析所不能解决的问题，定性分析和定量分析结合的方法也越来越被体育统计分析所采用。

本书将定性分析方法应用于艺术体操训练统计领域，在对学生身体素质情况分析以及艺术体操训练情况分析中，按照艺术体操训练指标体系，生成一个多维列联表格，得到艺术体操训练中各项指标对学生身体素质各项因素的要求，将对其影响较大的几类指标作为艺术体操学生进行训练的身体素质评价指标，依据不同身体素质对于各项艺术体操训练指标的影响，经过小组讨论采用集合意见法，对其分配相应权值，完成对不同身体素质的学生提出不同的艺术体操训练计划。

第二节　学生身体素质指标体系模型

由于不同体育项目其运动特点存在着差异，不同的体育项目对学生身体素质的要求也各具其专项特点。艺术体操是追求美的运动项目，其各项动作的完美表现，对于身体素质方面具有很高的要求，然而在现实的训练中，由于学生在身体素质方面存在的明显的差异性，对于目前采用的统一式的艺术体操教学并不适合于每一个学生，因此不能满足学生对于个性化专属训练指导方案的要求，这些原因可能直接影响艺术体操训练的质量，降低训练效果。

一、学生身体素质指标体系

在学生身体素质的测试中，现有的测试方法有很多种，其中涉及的测试项目也纷繁杂乱，在这些测试项目中，有些测试项目的结果对于艺术体操训练极为重要（如学生身体形态、身体柔韧性等），而有的测试项目的结果则对于艺术体操训练效果影响不大（如耐力等），为了能够直观地表现学生在艺术体操训练中身体素质的差异性对训练结果的影响，通过对现有的测试指标进行归纳和总结，并从中选取对艺术体操训练影响较大的几种指标，将其归纳为三类因素，分别是身体因素、柔韧力量性因素以及速度灵巧性因素（图 3-1）。

在身体因素方面，主要涉及学生的身高、体重、维度、皮褶厚度等自身因素，这类因素一般不容易发生变化，但是这些因素对于艺术体操训练会有明显的影响，而艺术体操中各项技术动作对于身体形态也有明确的要求，一般情况下若不能满足这些要求，有一些动作是无法完成的，同时这些因素的差异性会直接导致艺术体操训练的效果不同。在柔韧力量性因素方面，艺术体操学生必须具备良好的柔韧性和力量，才能完成高质量的、优美的、精巧的动作。学生身体各环节的柔韧性是体现最大动作幅度，构成精美动作的必要条件，飘逸优美的空中动作则需要良好的弹跳力，良好的爆发力是轻松自如完成一整套动作的重要保障（如跳步动作）。另外，艺术体操学生在完成高质量身体动作的同时，还要熟练掌握器械动作，这对学生的身体素质提出了更高的要求。在速度灵巧性因素方面，艺术体操学生必须具备动作所需的灵巧性和爆发力，才能高效完成连贯动作。艺术体操要求能够在有限的时间内完成一定数量的难度动作，并完成动作之间的衔接，连贯一致地完成成套动作。因此，对于灵巧性和速度方面的考察必不可少。

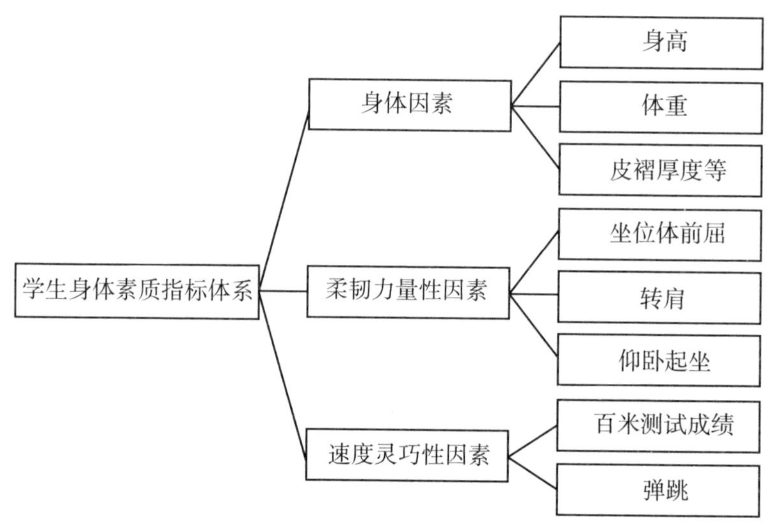

图 3-1　学生身体素质指标体系

由于学生在身体形态、柔韧力量性因素以及速度灵巧性因素方面存在的差异性，要求在艺术体操教学过程中，能够依据学生存在的个体差异性，制订相应的符合学生身体素质条件的训练方案，才能够更好地帮助学生提高各方面身体素质，获得更好的训练成果。以上三个指标因素是建立学生的身体素质指标体系模型的必要因素。在此基础上将根据学生的体质测试情况对应身体素质指标体系模型，得出学生各项体质指标参数。对这三个指标可以进行进一步划分，可采用定量化因素描述。例如，可以采用学生的身高、体重、皮褶厚度等因素直接反应学生的身体因素指标；学生的坐位体前屈、转肩、仰卧起坐等可以直接反映学生柔韧力量因素指标；百米测试成绩以及弹跳可以直接反映学生速度灵巧性因素指标，如图 3-1 所示。

二、学生身体素质指标体系计算模型

（一）模糊综合评价法

本书将采用模糊综合评价法来完成学生身体素质各项指标的计算，其主要设计思路为：首先，将学生体能测试的各项指标依据其各自规定的标准值，将其分为五个级别（即对于体能测试的各项指标按照规定的要求分为五个级别，五个级别的分类已经能够具备一定的区别性，如果为了更加准确地衡量学生各项身体指标，可以将其更加详细地划分，指标计算思想同本节内容相似），按照其要求的高低顺序依次将体能指标赋值为 1（优秀）、0.8（良好）、0.6（合格）、0.4（一般）、0.2（较差）。依照学生在各项体能测试中的成绩进行平分处理，根据成绩值所在对应指标所划分的区间范围，对其进行指标分数赋值。例如身体柔韧力量性测试项目坐位体前屈的测试中，其规定的标准为 100 分，将其分为 5 类，其区间分别为 100~80、80~60、60~40、40~20、20~0，某位学生在坐位体前屈测试中，分数为 72 分，则其该项测试的评分为 0.8。但是，并非所有的评价指标都采用等分标准评定，例如身高指标，从 0 开始进行评分评判显然并不科学，因此可以对五档采用自定义的方式给出相应的区间范围。

学生某一类指标测试的评分值为其中各项指标测试成绩的综合，如下列公式所示：

$$score_{\text{body}} = \sum_{i}^{p} b_i \tag{3-1}$$

$$score_{\text{pext}} = \sum_{j}^{d} f_j \tag{3-2}$$

$$score_{\text{peed}} = \sum_{k}^{r} s_k \tag{3-3}$$

其中，$score_{\text{body}}$、$score_{\text{flexi}}$、$score_{\text{speed}}$ 分别表示学生身体素质测试中，身体因素类指标、柔韧力量性指标和速度灵巧性指标的得分，b_i、f_j、s_k 分

别表示各类指标下一层细分类测试指标的得分。

在建立了学生身体素质指标体系后，可以根据学生的身体条件和基本项目测试结果对其身体素质进行相应的评价，获取学生身体素质参数数据，依据学生身体素质的差异性，提出相应的训练方法，以便能够在训练中获得更好的效果。

（二）层次分析法

层次分析法（The Analytic Hierarchy Process，简称 AHP）是 20 世纪 70 年代中期美国运筹学家萨蒂提出的，它是一种将定性分析与定量分析相结合的多目标综合决策方法。针对艺术运动员选材和评价的问题，主要有基于教练和经验论述的方法和基于统计分析的方法。针对艺术体操运动员选材的标准问题，卡马戈（Camargo）等人提出了基于运动学发展和专家知识的方法，主要针对不同项目和人员的对比进行分析，相对而言比较缺乏量化和客观性。曹娟等人从艺术体操运动员体质的特征出发，将层次分析法应用在了艺术体操的训练和选材等过程，但是相关的研究对于项目特性的分析比较缺乏，身体素质的指标不具有针对性，统计方法也比较简单。

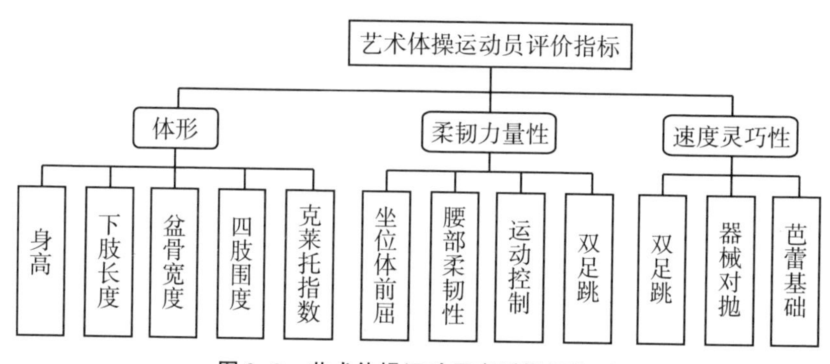

图 3-2　艺术体操运动员素质指标体系

综上所述，目前对艺术体操选材的研究大多是身体形态、身体素质、心理素质以及各方面的能力较多，定性的研究居多，主要是教练员和专家的经验总结，而对艺术体操运动员素质指标体系定量的研究相对较少，艺术体操运动员素质指标体系的科学性、合理性有待加强。本文提出的基于层次分析法的模型，既考虑到了艺术体操运动的特性，又结合了实践经验和统计数据，确立了一套科学量化的艺术体操运动员素质指标体系。

根据专家调查及相关分析结合艺术体操的项目特点，确定本研究分析指标为身体因素、柔韧力量性因素和速度灵巧性因素三类。身体因素指标为身高、围度、克莱托指数等5项指标；柔韧力量性因素包括坐位体前屈、腰部柔韧、核心力量、单个动作控制等4项；速度灵巧性指标包括双足跳、器械对抛、芭蕾基础等3项。指标体系如图3-2所示。下面对每个因素进行详细介绍。

1. 身体因素

身体形态对运动员选材具有重要的意义，包括身高、四肢围度等因素。这类因素一般不容易发生变化，但是这些因素对于艺术体操训练会有明显的影响，而艺术体操中各项技术动作对于身体形态也有明确的要求，一般情况下若不能满足这些要求，有一些动作是无法完成的。身高及一些长度指标是人体生长发育过程中反映人体骨骼发育状况、身体纵向发育水平的指标，身高是较重要的指标之一。骨盆窄小不仅有利于运动员上肢的动作速度、劲力等技能的发挥，而且有利于发展运动员的跑跳能力。臀部小，下身轻，动作灵活，运动轻巧，节省力量，形态优美。因此骨盆的宽度是衡量运动员身体形态的重要指标。下肢的长短是体型一个的重要指标。下肢长受后天的影响较大，从运动对人体形态的影响考虑，测量下肢有很大的意义。四肢围度指标反映了人的肌肉和脂肪的发育发达程度，在一定程度上也反映了肌肉弹性和力量的大小，四肢围度取决于肌肉横断面的大小，是衡量运动员体质的重要指标。克托莱指数是被称作“人体测量之父”的克托莱提出来的，后来以他的名字命名。它在古人类学和人体发育评价研究中作为一个古老而著名的指数被广泛采用。通过体重与身高的比例关系，表示每厘米身高的重量，作为相对体重或等长体重来反映人体的围、宽、厚度以及机体组织密度，是反映运动员发育匀称程度的重要指标。

2. 柔韧力量性因素

艺术体操学生必须具备良好的柔韧性和力量，才能完成高质量的、优美的、精巧的动作。学生身体各环节的柔韧性是体现最大动作幅度，构成精美动作的必要条件，飘逸优美的空中动作则需要良好的弹跳力，良好的爆发力是轻松自如完成一整套动作的重要保障。坐位体前屈是测量在静止状态下的躯干、腰、髋等关节可能达到的活动幅度，主要反映这些部位的关节、韧带和肌肉的伸展性和弹性及身体柔韧素质的发展水平。腰部柔韧性对于艺术体操运动员的形体动作优美的表达具有重要的作用。核心肌肉群担负着稳定重心、传导力量等作用，是整体发力的主要环节，对上下肢的活动、用力起着承上启下的枢纽作用。强有力的核心力量，对运动中的身体姿势、运动技能和专项技术动作起着稳定和支持作用。单个动作控制体现了艺术体操运动员的身体控制能力和动作完成能力，对于系列动作的组合非常重要。

3. 速度灵巧性因素

在速度灵巧性因素方面，艺术体操学生必须具备动作所需的灵巧性和爆发力，才能高效完成连贯动作。艺术体操要求能够在有限的时间内完成一定数量的难度动作，并完成动作之间的衔接，连贯一致地完成成套动作。因此，对于灵巧性和速度方面的考察必不可少。第一，双足跳是以脚掌蹬地连续跳的动作，十分考验运动员的爆发力和灵活程度。第二，器械对抛，在艺术体操比赛中，器械的抛接技术是掌握完成整套动作的重要环节和难点，也是比赛成功获得好成绩的关键。第三，芭蕾基础。艺术体操对运动员的审美有一定要求，芭蕾等相关舞蹈的基础有利于运动员更好地完成优美的动作。

递阶层次结构建立之后，上下层次的隶属关系即被确定，上一层元素支配下层元素。现在需要对各层元素对于上层准则的相对重要性赋予相应的权重。AHP 中导出权重是通过构造判断矩阵，对指标间两两重要性进行比较和分析判断。每个判断矩阵是同层次各元素对上层单一准则的两两比较，因此，根据上述模型需要构造 4 个判断矩阵。两两比较的工作以发放调查问卷的形式，集合 16 位专家的意见来完成。调查问卷采用 7 分位相对重要比例标度，通过将由专家确定的判断矩阵中的数值输入 C 语言层次分析法程序，最终计算出各判断矩阵最大特征根、最大特征根对应的特征向量以及一致性系数，当一致性指标 $CR<0.1$ 时，可认为判断矩阵的一致性是满意的，且 CR 值越小越好，即由此确定各指标的权重是合理的。

我们首先构造 B 层对 A 层的判断矩阵，如表 3-1 所示，通过专家评分结果分析身体因素、柔韧力量性因素和速度灵巧性因素对艺术体操运动员评价的权重。通过分析发现，速度灵巧性的评分对于艺术体操运动员评价最为重要，柔韧力量性次之，身体因素所占的权重最低。计算得到一致性比率为 0.00，小于 0.10，证明指标相互重要性比较具有逻辑一致性，层次分析前提可靠。

表 3-1　B 层对 A 层的判断矩阵

评价指标体系	身体因素	柔韧力量	速度灵巧	*W*	*CR*
身体因素	1.0000	0.3333	0.1429	0.0810	0.0000 *CR*<0.1
柔韧力量	3.0000	1.0000	0.2000	0.1884	
速度灵巧	7.0000	5.0000	1.0000	0.7306	

下面我们计算指标层对于准则层的判断矩阵，即分析身体因素、柔韧力量性因素和速度灵巧性因素的具体指标对于三个因素的影响权重。首先是身体形态指标，包含身高、下肢长、骨盆宽、四肢围度、克莱托指数等 5 个特征。通过整理专家打分得到判断矩阵如表 3-2 所示。通过分析我们可以得知，四肢围度和克莱托指数对于艺术体操运动员来说是比较重要的衡量指标。通过计算得到 *CR*= 0.074，证明指标的重要性比较具有逻辑一致性。

表 3-2　C 层对 B1 层的判断矩阵

身体形态	身高	四肢围度	骨盆宽	克莱托指数	下肢长	*W*	一致性检验
身高	1.0000	0.2500	0.3333	0.1429	0.3333	0.0502	0.0061<0.1
四肢围度	4.0000	1.0000	1.0000	0.2000	0.5000	0.1262	
骨盆宽	3.0000	1.0000	1.0000	0.3333	1.0000	0.1516	
克莱托指数	7.0000	5.0000	3.0000	1.0000	4.0000	0.5075	
下肢长	3.0000	2.0000	1.0000	0.2500	1.0000	0.1644	

B2 层为柔韧力量层，通过坐位体前屈、腰部柔韧性、核心力量、单个动作控制等 4 个指标进行衡量。通过专家打分我们得到 C 层对 B2 层的判断矩阵如表 3-3 所示。可以看到动作控制和腰部柔韧性分别在柔韧和力量两个方面具有比较重要的作用。*CR*=0，验证了指标重要性的比较具有逻辑一致性。

表 3-3　C 层对 B2 层的判断矩阵

柔韧力量	动作控制	腰部柔韧	坐位体前屈	核心力量	*W*	一致性检验
动作控制	1.0000	2.0000	7.0000	5.0000	0.5276	*CR*=0.0075 *CR*<0.10
腰部柔韧	0.5000	1.0000	4.0000	4.0000	0.3068	
坐位体前屈	0.1429	0.2500	1.0000	1.0000	0.0793	
核心力量	0.2000	0.2500	1.0000	1.0000	0.0863	

B3 层为速度灵巧层，通过表 3-1 的衡量可知是最为重要的一层。通

过专家打分和统计得到 C 层对 B3 层的判断矩阵如表 3-4 所示。通过分析各个指标的权重可见器械对抛和芭蕾基础两项专业相关的技能是最为重要的因素。通过计算得到 $CR=0.0043$，证明了指标判断的逻辑一致性。

表 3-4　C 层对 B3 层的判断矩阵

速度灵巧	器械对抛	双足跳	芭蕾基础	W	CR
器械对抛	1.0000	5.0000	0.5000	0.3522	0.0043 $CR<0.1$
双足跳	0.2000	1.0000	0.2000	0.0887	
芭蕾基础	2.0000	5.0000	1.0000	0.5591	

通过上述的判定矩阵，我们对衡量艺术体操运动员素质的全部 12 个指标进行综合排序，结果如表 3-5 所示。由层次总排序可见，速度灵巧性因素特别是器械对抛和芭蕾基础等专项素质在艺术体操运动员素质指标体系中占有重要地位。此外，衡量运动员柔韧性的动作控制以及体现力量性的核心力量也都是重要的指标。根据指标排序和相应的权重，我们可以构建基于层次分析法的艺术体操运动员素质指标体系。

表 3-5　层次总排序计算结果

目标层方案	指标权重	权重排序
身高	0.0041	12
四肢围度	0.0102	11
骨盆宽	0.0123	10
克莱托指数	0.0411	6
下肢长	0.0133	9
动作控制	0.0994	3
腰部柔韧	0.0578	5
坐位体前屈	0.0149	8
核心力量	0.0163	7
器械对抛	0.2573	2
双足跳	0.0648	4
芭蕾基础	0.4085	1

第三节　艺术体操训练指标体系模型

在艺术体操训练中，其训练内容需要严格按照艺术体操训练大纲的要求来进行。一方面的原因是它能够在艺术体操训练中提供给学生相应的指导，按照各项动作内容的规定要求完成相应动作训练，保证训练过程中的安全性；另一方面，由于学生具有一定程度上的差异性，在训练过程中，对于某个学生来说，运动量较大可能造成运动损伤，运动量较小可能导致训练达不到预期的效果，所以需要按照学生的自身条件，制定合理的个性化的训练方案，避免统一的艺术体操训练大纲所不能满足不同学生对不同运动量和训练方法要求的问题，使得学生在训练中能够更好地完成训练任务。因此，在学生身体素质指标体系模型的基础上，建立艺术体操训练指标体系，完成学生个性化培养方案的需求。

艺术体操训练指标体系的建立主要依赖于学生的身体素质测试数据以及学生在艺术体操训练中的表现情况。因此，为了能够对学生在艺术体操训练中的表现进行评价，根据学生训练情况参考相应的指标体系，建立艺术体操训练指标体系。本书依据国际体操联合会提出的2013~2016最新版评分规则（以下简称规则），对规则中规定的各项动作要求和动作配套的评分规则进行统计分析。按照不同动作类别的要求，对其设置相应的基准值，并根据其动作分值与总评分的比例计算权值。

按照国际体操总会发布的最新版本的艺术体操个人项目评分规则，总分为20分，由艺术体操完成值和艺术体操难度值两部分组成，其中完成值与难度值的比值各占总分的50%，即完成值与难度值满分标准为10分。对完成值和难度值评判标准进行进一步细分，其中完成值由艺术值扣分和技术值扣分两部分构成；难度值由身体难度、舞步系列、结合旋转和抛的动力性动作以及器械熟练性四部分内容组成。2013版国际艺术体操评分分配如图3-3所示。

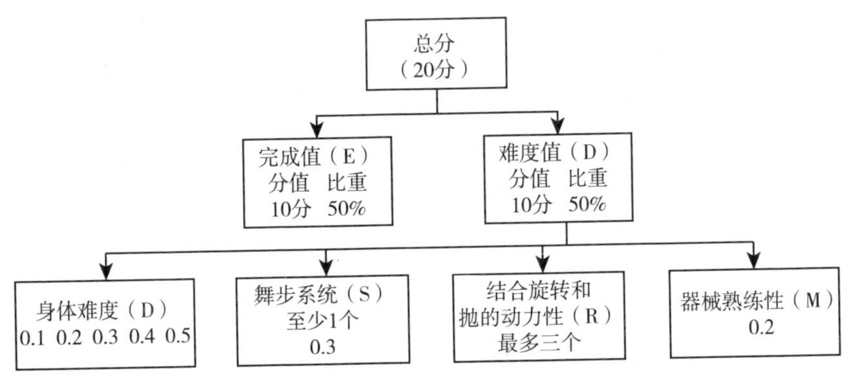

图3-3　2013年版艺术体操评分分配图

通过指标对学生在艺术体操训练中完成各项动作情况进行考察，进而对动作完成质量进行评价。由于艺术体操动作完成质量的评价具有一定的主观性，为能够保持对学生在艺术体操训练中带有主观性评价的基础上，不失其评价的准确性，对主观性评价进行相应的限制。为保证对动作完成情况客观评价，采用数学统计的方法，对传统的评分标准进行改进。采用完成质量作为一个动作属性用来描述各项动作的完成情况，其中，教师主观评价分数介于0~1之间，1表示学生完美地完成了艺术体操该项动作的相关要求，并结合艺术体操训练教师以及艺术体操专家组的教学经验，对于动作完成情况（即动作完成数量）和动作完成质量分别赋予一定的权值，本文中动作完成情况和动作质量分别赋予0.8与0.2的权值。在充分考虑学生训练的客观因素的同时，对学生艺术体操训练的质量进行评价，教师的主观评价对学生动作评价的影响权值降低，从而间接对于教师评价情况进行一定的限制，使得学生艺术体操训练指标评价能够真实地反映学生的训练情况，使其能够发现在训练当中的问题和专项技术动作中的不足之处。

建立艺术体操训练指标体系之后，将学生的艺术体操训练情况参照建立的艺术体操训练指标体系，对学生训练中的各项动作进行定量化，获得学生在训练中各项指标数据。通过建立学生身体素质指标体系模型和艺术体操训练指标体系模型，较好地描述学生身体素质情况和艺术体操训练情况。由于不同学生在身体素质方面存在明显的差异性，针对艺术体操训练中不同的学生提出不同的训练安排。

第四节　艺术体操训练指导模型

采用学生身体素质指标体系模型和艺术体操训练指标体系模型，描述学生基本身体素质情况和学生艺术体操训练情况。依据学生身体素质方面不同的差异，对其艺术体操训练提出不同标准和要求，使其能够按照符合自身条件的培养方式进行艺术体操训练。在完成艺术体操训练之后，收集学生训练情况的基本情况，并参照艺术体操训练指标体系进行评价，结合学生训练的历史评价结果以及各项动作的训练情况进行分析，按照分析结果中各项指标的先后顺序，制订出属于其个性化推荐的训练方法，提供具有方向性的指导建议的训练方案。

一、体质指标与训练指标计算模型

学生身体素质指标体系模型采用多层指标描述学生在身体素质方面的

差异性，并采用定量化的方法对身体素质指标体系模型中的指标进行描述。在建立身体素质指标体系模型和艺术体操训练指标体系模型的基础上，建立体质指标与训练指标计算模型。

对条件不同的学生分配特定的训练任务，在身体素质指标体系中，各项身体素质指标对艺术体操训练效果均有不同的影响，有的指标影响较大，有的指标影响较小。例如，体型修长的学生能够很好地完成转体动作。身体素质指标模型中各项指标对于艺术体操训练各项指标也有较大的影响。例如，器械熟练动作对柔韧性和速度性有较高的要求，而对力量的要求不高。

在前两节内容中对身体素质指标体系和艺术体操训练指标体系进行了简要的说明。身体素质指标体系用来描述学生身体素质，艺术体操训练指标体系用来描述学生进行艺术体操训练中各项动作完成情况。结合两个指标评价体系以及各项艺术体操动作对身体素质的要求，特别是对三个主要影响因素，即身体因素、柔韧力量性因素和速度灵巧性因素的要求各不相同。通过对比学生身体素质各个方面的基本情况，得出学生在该项艺术体操训练动作中要达到的训练程度和完成质量。例如，某项艺术体操训练动作会根据学生身体素质情况对其要求完成不同数量的动作任务。

对各项指标设置基准值和权值后，结合艺术体操训练教师以及艺术体操训练专家组对于学生艺术体操训练数据分析和经验总结，将各项动作从学生身体素质中身体因素、柔韧力量性因素、速度灵巧性因素方面分配其相应的影响因子，该影响因子用来表征这三类因素对于艺术体操训练指标模型中某项指标的影响程度。最后形成艺术体操训练指标体系与各项指标学生身体素质指标体系的关联矩阵，即为艺术体操训练指标模型中的各项指标对应于身体素质指标模型中身体因素指标、柔韧力量性指标以及速度灵巧性指标进行权重分配，可描述为权重矩阵，该矩阵如下所示。

$$\begin{bmatrix} w_{11} & w_{12} & w_{13} \\ w_{21} & w_{22} & w_{23} \\ \vdots & \vdots & \vdots \\ w_{i1} & w_{i2} & w_{i3} \\ \vdots & \vdots & \vdots \\ w_{n1} & w_{n2} & w_{n3} \end{bmatrix} \tag{3-4}$$

其中，w_{i1} 表示第 i 个指标对于身体因素指标的要求分配的相关权值，w_{i2}

表示第 i 个指标对于柔韧力量性指标的要求分配的权值，w_{i3} 表示第 i 个指标对于速度灵巧性指标的要求分配的权值。依据艺术体操训练指标体系与身体素质指标体系因素之间建立关系矩阵，完成了身体素质指标体系模型到艺术体操训练指标体系模型的映射。

二、学生艺术体操训练评分计算模型

在身体素质指标体系中，通过对学生在身体素质指标体系中的各项指标进行测试，得到各项指标测试的结果，依据测试结果获取学生身体因素指标、柔韧力量性指标以及速度灵巧性指标评价结果，表示为 $score_{\mathrm{body}}$，$score_{\mathrm{fiexi}}$，$score_{\mathrm{xpeed}}$。依据艺术体操训练指标体系中的各项指标与身体因素指标，柔韧力量性指标以及速度灵巧性指标的关系，建立指标关系矩阵，将学生的身体素质结果与关系矩阵进行乘法运算，并乘以相应的基准值，便得到学生身体素质所对应的艺术体操训练指标要求完成的动作数量，其计算过程如下所示。

$$\begin{bmatrix} temp_1 \\ temp_2 \\ \vdots \\ temp_i \\ \vdots \\ temp_n \end{bmatrix} = \begin{bmatrix} w_{11} & w_{12} & w_{13} \\ w_{21} & w_{22} & w_{23} \\ \vdots & \vdots & \vdots \\ w_{i1} & w_{i2} & w_{i3} \\ \vdots & \vdots & \vdots \\ w_{n1} & w_{n2} & w_{n3} \end{bmatrix} \begin{bmatrix} score_{\mathrm{body}} \\ score_{\mathrm{flexi}} \\ score_{\mathrm{speed}} \end{bmatrix} \tag{3-5}$$

$$num^{i}_{\mathrm{need}} = temp_i \times num^{i}_{\mathrm{renf}} \tag{3-6}$$

其中，num^{i}_{need} 表示艺术体操训练当中第 i 项指标规定完成的动作基准数量，num^{i}_{renf} 表示根据学生身体素质情况对于第 i 项指标需要完成的动作数量要求。

依据上述计算公式，学生根据自身身体素质情况，得到艺术体操训练中完成各项规定动作的要求。在完成艺术体操训练后，依据学生艺术体操训练情况的记录，得到学生各项指标的训练数据，即学生完成各项动作的数量数据。

获取学生艺术体操训练中各项指标参数以及各项指标完成质量评价分数，对学生本次艺术体操训练进行评价，其计算方法如下。

$$score_{\mathrm{total}} = \sum_{i=1}^{n} (num^{i}_{\mathrm{accomplish}} \times v_i \times 0.8 + t_i \times 0) \tag{3-7}$$

其中，$score_{\mathrm{total}}$ 表示学生艺术体操训练情况评价得分，$num^{i}_{\mathrm{accomplish}}$ 表示第 i

项艺术体操训练指标要求的动作完成情况，v_i 表示第 i 项艺术体操训练指标的权值，t_i 表示第 i 项艺术体操指标学生完成质量的主观评价值。0.8 和 0.2 分别表示动作完成情况和完成质量的权值，学生艺术体操训练各项指标评分进行求和计算，得出学生本次艺术体操训练的评价得分。

三、学生艺术体操训练指导模型

在建立身体素质指导体系模型与体操训练指标体系模型的基础上，进一步建立学生艺术体操训练指导模型，将从三个方面简述其建立过程方法。

首先，根据学生身体素质相关评价提出艺术体操训练要求。依据学生在各项体能测试项目中的数据，对学生身体素质指标中身体因素类指标、柔韧力量性指标、速度灵巧性指标进行评价。其次，对学生艺术体操训练情况进行评价，对照其艺术体操训练中各项指标的要求，指导学生进行训练。在学生艺术体操训练提出不同要求的基础上，学生按照艺术体操训练各项要求进行训练，将学生训练的结果对比艺术体操训练的要求，指导学训练。最后，根据学生艺术体操训练得分，对比其历史训练得分以及各项指标的历史训练得分，为学生进行艺术体操训练提供指导。结合学生训练的历史数据，让学生更加直观地了解自己训练的状况。

基于学生的身体素质对其艺术体操训练提出不同的要求已经在前文论述过，下面针对学生艺术体操训练情况及训练要求和综合历史训练得分计算，从而对学生艺术体操训练进行指导。

获取学生艺术体操训练的评分以及各项指标得分后，参照学生在艺术体操训练中的要求来指导其训练。由于艺术体操训练各项指标标准各不相同，为了能够更好地区分学生某项训练指标相对于要求的训练情况，采用差距比例来描述某一项指标的训练与训练标准之间的差距，依照如下公式对学生各项指标的训练差距进行分析：

$$d_i = (num^i_{\text{accomplish}} - num^i_{\text{need}}) / num^i_{\text{need}} \quad (3-8)$$

其中，d_i 表示学生第 i 项艺术体操训练指标训练情况与要求值的差距比例，$num^i_{\text{accomplish}}$ 表示学生第 i 项艺术体操训练指标实际完成的动作数量，num^i_{need} 表示学生第 i 项艺术体操训练指标要求需要完成的动作数量。（计算得到的 d_i 可能为正，也可能为负，为正表示学生该项艺术体操训练指标已经达到了要求，为负表示学生该项指标目前还达不到训练的要求）

$$\bar{d} = \sum_{i=1}^{n} d_i / n \quad (3-9)$$

$\bar{d}$ 表示学生完成艺术体操训练差距比例的平均值，通过计算艺术体操训练各项指标差距与均值之间的欧式距离，表示学生实际训练情况与其训练标准要求的差距。

$$d=\sum_{i=1}^{n}(d_i-\bar{d})^2 \tag{3-10}$$

$$d_{\text{sequence}}=(d_i-\bar{d})^2 \tag{3-11}$$

其中，d 表示实际训练情况与其训练标准要求的差距。针对学生训练的差距，并将其计算得到艺术体操训练的各项指标差距比例结果结合指标相应的权值，依照从小到大的顺序进行排序，最小的值表示训练的薄弱环节，最大的值表示训练较好的环节，得出下次艺术体操训练的训练次序，加强学生薄弱环节的训练，巩固训练较好的环节。

通过评价学生在艺术体操训练中各项指标的测试结果，依据学生身体素质情况制订适合学生的艺术体操训练安排。对比学生训练的结果和各项指标标准要求，指导学生进行艺术体操训练。在艺术体操训练中会产生大量的历史数据，其中包括学生身体素质各项指标历史测试数据、各项艺术体操训练指标的历史测试数据、学生艺术体操训练各项指标的要求数据以及艺术体操训练的评分成绩，这些数据中存在着丰富的信息，有效地利用这部分数据，可以很好地指导学生进行艺术体操训练。

首先，对学生艺术体操训练历史评分进行分析。针对学生历史评分，求其平均值和方差，用以表述学生在艺术体操训练过程中达到的程度以及学生在艺术体操训练中存在的波动，如果学生训练程度较高且其训练情况稳定，则考虑对其艺术体操训练的各项指标的要求进行相应的调整，提高其训练的强度，加强其身体素质训练，在现有的训练中提出更高的要求，使其可以更好地完成艺术体操训练；对于训练程度较低且其训练情况稳定，则要适当地降低训练的要求，减少其训练的强度，并对其身体素质训练提出相应的要求，使其可以更好地完成一系列指标；对于在训练中各项指标波动较大的情况，则要对其各项指标的历史测试数据进行分析，获取其擅长并完成度较好的项目数据以及其完成度较差的项目数据，具有针对性地进行相应的训练。

其次，对学生艺术体操训练各项指标历史评分进行分析。针对学生在艺术体操训练中波动较大的情况，需要对各项指标的均值和方差进行计算，对方差的较大的指标，即表明该项指标训练波动较大，调整其项目的训练计划，进行相应专项训练，使学生在艺术体操训练中各项训练能够全面地发展。

最后，对学生身体素质测试历史数据进行分析。艺术体操训练的要求基于学生身体素质的测试结果，若学生在艺术体操训练中已经达到了与其身体素质对应的艺术体操训练要求，则表明按照艺术体操训练的要求指导学生进行训练效果提升空间不大，此时需要对学生身体素质进行相应的提高，主要指的是体能测试方面的提升，这样可以使学生在训练中的进步空间更大。

以下举例说明本书模型的计算情况。例如，对于某个学生，其身体素质测评各项指标体系评分分别为（0.5，0.7，0.6），相应的艺术体操训练各项动作中各项动作与身体素质对应关系如表3-6所示：

表3-6　身体素质与艺术体操训练对应关系

训练动作	动作数量	身体因素类	柔韧力量性	速度灵巧性
跨跳	5	0.3	0.5	0.2
变换腿跳	7	0.4	0.4	0.2
反跨跳	6	0.3	0.4	0.3
鹿跳	3	0.2	0.5	0.3
哥萨克跳	4	0.6	0.2	0.2

按照以上公式中各项动作对于身体素质的要求，计算出学生各项艺术体操训练需要完成的动作，如表3-7所示：

表3-7　学生艺术体操训练计划

训练动作	动作数量	计算得分	需要完成动作
跨跳	5	0.62	3
变换腿跳	7	0.6	4
反跨跳	6	0.51	3
鹿跳	3	0.61	2
哥萨克跳	4	0.56	3

对于学生艺术体操训练之后，依据其训练情况对其训练进行评价，如表3-8所示：

表3-8　艺术体操实际训练情况

训练动作	动作数量	需要完成	实际完成	d
跨跳	5	3	2	0.3333
变换腿跳	7	4	3	0.2500
反跨跳	6	3	2	0.3333
鹿跳	3	2	2	0.0000
哥萨克跳	4	3	2	0.3333

得到本次 $\bar{d}$ 为 0. 3125，针对不同动作中对于总分的权值，结合个性动作完成情况，完成对于训练动作的指导，如表 3-9 所示：

表 3-9　艺术体操训练指导情况

训练动作	权值	d	训练得分
跨跳	0. 1250	0. 3333	0. 0417
变换腿跳	0. 3120	0. 2500	0. 0780
反跨跳	0. 1151	0. 3333	0. 0383
鹿跳	0. 2500	0. 0000	0. 0000
哥萨克跳	0. 7250	0. 3333	0. 2416

其训练重点项目顺序排列为：哥萨克跳，变换腿跳，跨跳，反跨跳，鹿跳。进而指导学生按照该顺序进行训练，加强艺术体操训练中的弱项和不足之处，提高训练效果。

第四章　艺术体操之艺术素养训练

第四章　艺术体操之艺术素养训练

我国的艺术体操项目起步较晚，经过二十多年来几代运动员的努力拼搏，取得了一些可喜的成绩，在 2008 年北京奥运会上我国艺术体操取得了集体项目的银牌，是我国艺术体操史上的一次飞跃。但是这些成绩与国外的一些体操强国相比还差得很远。我们在看到自己成长的时候一定要看到自身所存在的不足，这样才能在无限的竞争压力中脱颖而出，逐渐发展成为体操艺术强国。追根究底，中国艺术体操水平低于其他优秀国家艺术体操水平的原因在于运动员的自身素质。

第一节　艺术素养的概念

一、艺术素质

艺术素质的界定在我国学术界有着许多说法，但大多数说法和含义大致相似，主要有两个方面。第一，艺术知识方面。李茜在《略论艺术素质的内涵、功能及培养路径》中解释说："艺术素质是人们在经过一段时间的培训之后获得的由艺术知识、艺术能力、审美意识和审美人生态度四个方面构成的心理品质的总称。艺术知识、艺术能力、审美意识和审美人生态度这四个方面也就是艺术素质的四个基本要素。"通过对相关文献的了解可以发现，不同的人对艺术素养的理解有所差异，但始终没有脱离艺术素质的本质。通过总结我们对艺术素质有了一个系统的解释，通常情况下来说，艺术素质分为一般艺术素质和专项艺术素质。一般艺术素质是在个人先天遗传的基本能力上，通过后天的培养锻炼所形成的一种对多种艺术形式的认知能力和表现能力。

二、艺术体操项目的艺术特点

任何一门艺术都有其所独特的艺术特点，当然，这里我们所说的“艺术体操”也不例外。从不同的角度对艺术体操项目分析来看，其艺术特点也呈现出不同的表现方式，如从美学的角度看，艺术体操综合了时间与空间来将其艺术美呈现在人们面前。

艺术体操的艺术表现形式主要体现在肢体的表达方式，运动员在成套动作中，除了要完成高难度的身体动作和器械动作，还要表达出整套动作的内涵。

艺术体操就像是一件艺术品，需要艺术家们的精心雕琢。在雕琢的过程中，每一个细节的好坏都有可能影响到作品的质量。

每一项竞技体育项目都有着各自的评分规则，表演类型体育项目还有一大特点就是存在“艺术分值”。艺术分值在总分里占有一定的比例，可以影响到运动员成绩的排名，可以认为艺术素质在艺术体操运动员的综合素质中占有重要的地位。

第二节　气质的概念及类型

相关研究资料表明，不同的气质类型与神经系统决定着运动员一切运动技能形成的动力特征，所以气质类型与运动技能发展的关系是密切相关的。然而目前有多数教练员在传统训练方法的驱使下只能一味地培养运动员身体条件方面的运动技能，而疏忽了对运动员心理方面的技能培养。

一、气质的概念与分类

在日常生活中，不同的生活环境中会遇到不同类型的人，这里我们所说的不同类型的人主要是根据其性格来进行划分的。通常情况下来说，有的人笑容满面，有的人容易愤怒，有的人性格急躁，而有的人则不温不火。不同类型的人在遇到同样的事时会有不同的反应。比如，在处理一件十分紧急的事情时，不温不火的人总是呈现出事不关己的状态，而容易暴躁的人则将事情摆在所有事情的第一位优先处理，很有可能会由于暴躁，即便是放在了第一位优先处理，最后的处理结果并不尽如人意。

一般意义上的气质，指个体不以活动目的和内容为转移的典型的、稳定的心理动力特性的显现，是一个人心理活动在发生速度、灵活性、强度和指向性等方面特征的综合。不同气质的运动员，其心理活动状态的每个方面都不同。比如，有的孩子上课总是坐不住，总是害怕考试，遇到事情慌张沉不住气，可以证明这个孩子的脾性容易激动。不论任何人做任何事情，气质始终是稳定的心理活动的动机，是一个不以目的动机为转移的动态特性。

通过长时间的研究与实验，我们对气质有了一定的了解，从整体上来看可以发现，气质的首要特点是稳定性。之所以说稳定主要是因为气质这种特性在一定时期内不会有大的波动，就算有波动也是历经很长的一段时间。有些相关学者在对气质进行研究时，还将气质与人的其他特性进行比较，如人的能力。通过一系列的比较可以发现，气质特性的稳定性确实比人的其他特性的稳定性要强，并且长时间内变化不大。

二、生理机制

自心理学科建构以来，专家学者们在气质方面的研究花了很大力气，出现了很多关于气质体质分类的学说，当中比较有名的有气质的体型说。

克雷奇摩 1921 年在自己的著作中创造出气质的体型说，他通过大量对精神病人的调查和研究，说明肥胖型身型的人比较神经质、脾性狂躁，容易跟人相处，表情丰富，热情大方；细长型身型的人具有分化气质，孤僻、很难跟人相处，想得太多；体型匀称的人，可以说是很结实的一类人，这些人具有黏附的气质，顽固不化，但很认真，反应迟钝，很容易冲动。

（一）气质的血型说

气质的血型说是由日本学者古川竹二于 1927 年首先提出来的。后来经其他学者西岗一义等的努力在国内外得到了广泛的推广。现在提到的“血型气质判断”还在不断地被日本和其他国家的学者研究。这种学说认为血型和“性格”（日本学者一般把气质与性格不作区分）二者之间有着密切的关系。学者认为，血型可分为 A 型、B 型、AB 型和 O 型血型，气质也可以是一个类似的分类，可以根据人的血型判断人的气质，甚至预测爱情和事业。

（二）气质的激素说

生理学家柏尔曼指出人体某种内分泌腺的物质是决定气质的元素。按照分泌腺的发展水平，人类个体被分为六个类型，即肾上腺型、垂体型、胸腺型、性腺型、甲状腺型及副甲状腺型。由于这些个体差异，他们表现出来的气质特点是不一样的。

比如甲状腺分泌旺盛的人，认识敏感、充满活力、毅力坚韧、积极进取；肾上腺分泌旺盛的人精神状态好、争强好胜、皮肤粗黑干燥等。

（三）气质的高级神经活动类型

巴甫洛夫做了大量的研究，总结了神经活动的两个基本过程是兴奋和抑制。包括以下三个方面。首先是强度，让脑皮层遭受大强度刺激或者是持续疲劳的功能。其次是平衡性，也是抑制过程的程度和兴奋性比对的过程。如果强弱一样则视为平衡，如果不相同则视为不平衡。再次是灵活性。大脑皮层细胞对外界的刺激强度和速度，兴奋与抑制过程的速度之间是可以转换速度的。可见，巴甫洛夫大量的实验证明了四种类型的神经活动和其外部特征的关系，并指出了气质类型的本质是高级神经活动的类型，两者有密切的联系，给后来的专家学者们研究气质生物学特性奠定了一个良好的基础。

三、神经特性解释

现代气质理论的发展始于20世纪50年代中后期。专家学者们试图采用不同的手段，通过心理学测试的方法来对气质的特性和结构进行研究，并且非常注重气质跟人类活动的关系，形成的理论主要有以下几种。

（一）气质调节理论

在这里，我们有必要对神经活动过程研究的出现来做一个简单介绍。起初，并没有人对人的神经活动过程进行研究，到20世纪80年代，简斯特里劳提出了气质心理学的概念。有人会问，气质和神经活动这两者之间有什么必然的关系吗？答案是肯定的。经过一系列研究可以发现，任何心理反应都与人的神经活动模切相关，因此，气质心理学也与神经活动有着密不可分的关系。除了与神经活动有密切的关系之外，通过一系列的研究可以发现，气质与性格及运动之间的联系也是不可忽视一项重要因素，虽然这种想法在当时来说显得很突兀，但科学的真理通过实践的检验终会被大众所认可。

（二）气质 eas 理论

气质 eas 理论是指人们出生的时候就出现的、伴随人们一生并由于遗传的因素而获得的人格特点。依据人们响应活动的积极性特点，把人们的气质分为以下四类。

（1）活动欲的人。这类人爱活动，他们往往最先行动，而且不觉得累。孩童时期不能闲置静坐在教室里，成人后则表现出积极向上的一面。

（2）社交欲的人。这部分人爱好社交，交友广泛，希望跟好友建立密切的联系。在孩提阶段要有保护人在身旁，否则一个人因为独处而孤独感加强导致哭闹不止，成人后能跟身边的亲朋好友们和睦相处。

（3）情绪化的人。这部分人的应激性较强，大脑意识在外界刺激下能始终保持清醒，刺激过后反应的强度还很大。在孩提时期总是哭哭啼啼的，稍微不细心就容易激动。成年后情绪波动剧烈，跟他人相处比较困难。

（4）冲动欲的人。这部分人无法控制自己的情绪和所有的一切。在婴儿时期没有耐性，在婴幼儿时期太过活跃，好奇心强，东张西望，注意力很难集中，在成年阶段后情绪很容易受外界的影响发生波动，容易冲动。

（三）蔡斯、托马斯的气质成长理论

纽约大学医学中心的托马斯和蔡斯指出，气质最好可视为涉及一个人行为方式的一般性概念。它与能力相区别，又与动机相区分，所以气质这一具体概念可理解为个体活动的风格和习惯。他们发现一至三个月大的新生儿身上有明显的气质特性，而且很稳定不容易改变。通过对婴儿的大量研究和测试，这些稳定的气质特性要一直伴随到他们成年。他们的研究被称为世界上最完美的心理研究。除此之外，人类气质活动抑郁性的研究由杰罗姆凯根所研究。到目前为止，气质心理学领域从未停止对气质理论的探讨。

四、气质的基本类型

关于气质类型的概念在此我们不做过多阐述，通过对不同气质类型的了解与分析，我们对其进行了基本分类，大致可分为以下几种，具体如表 4-1 所示。

表 4-1　气质类型

气质类型	具体表现
多血质	表现为活泼、思维敏捷、往往粗心大意、注意力不集中、反应迅速、情绪波动较大、感情易流露、不容易适应新环境、善于交际，做事马马虎虎、做事不求甚解，属于外向型特性
胆汁质	表现为热情、精力充沛、反应快、坦诚很温和，智力活动有很大的灵活性，遇到强烈刺激情绪容易急躁、容易冲动，有坚韧的毅力，大胆心细，勇敢坚强，但缺乏耐心，属于外向型特性
黏液质	表现为情绪不容易外露、反应迟钝、不灵活、不太适应新环境、善思考、喜欢安静的空间，有良好的耐心、意志坚强，但脾气倔强，属于内向型特性
抑郁质	表现为胆小、害羞、活动缓慢、性格孤僻、情感太过深刻，持久、稳重，不善于交际，很敏感，遇到困难或挫折很容易萎缩，容易观察到该事件的深层性质，属于内向型的特性

上述表中我们所展示的是不同的气质的人在现实生活中所呈现的各种外在表现，可以发现，四种类型各不相同，这也是为什么在同样的工作、学习环境中我们所遇到的人的类型会不同。与气质相匹配的是神经活动特征，与上表中四种气质相符，具体如表 4-2 所示。

表 4-2　不同气质类型的神经活动特征

气质类型	具体表现
多血质	这种气质类型的人，感受性低而耐受性高，不随意的反应性强，具有较大的可塑性和外倾性，情绪兴奋性高且外部表现明显，反应速度快且灵活
胆汁质	这种气质类型的人，感受性低而耐受性高，不随意的反应性强，反应的不随意性占优势，外倾性明显，情绪兴奋性高，抑制能力差，反应速度快而不灵活
黏液质	这种气质类型的人，感受性低而耐受性高，不随意的反应性和情绪兴奋性均低，内倾性明显，外部表现少，反应速度慢，具有稳定性

续表

气质类型	具体表现
抑郁质	这种气质类型的人，感受性高而耐受性低，不随意反应性低，严重内倾，情绪兴奋性高而体验深，反应速度慢，具有刻板性，不灵活

上表是根据不同的气质类型来对神经活动的特征所进行的分析，一种气质类型对应一种神经活动特征。需要特别注意的是，并不是所有的神经活动特征都符合这种气质类型，有时可能会存在一些偏差，具体问题还需要具体分析。

第三节　艺术体操评分与艺术分值研究

一、艺术体操项目艺术分值的变化趋势

现实生活中，人们总是习惯对一些比赛项目制定一定的规则来对其进行约束，一是为了在比赛项目中更有秩序，二是为了该比赛项目能更完善，以此更长远地发展下去。当然，艺术体操这项比赛也不例外。

通过对近几年（主要集中在2001年到2009年这9年间）艺术体操比赛项目分值的调查与研究可以发现，其分值有了一定的变化，其具体的变化内容可参考图4-1。

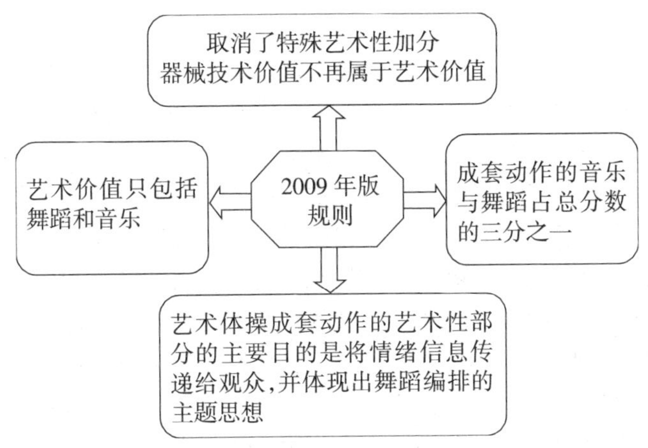

图4-1　2009年版国际艺术体操评分规则

二、中国艺术体操运动员艺术分值对比

说到分值的变化，不得不提到中国在 2008 年举办的奥运会。众所周知，奥运会是国家与国家之间体育运动项目之间的比赛竞争，各国的运动员在比赛中都拿出自己超强的水平，为的就是为国家争光。也就是从这次比赛之后，艺术体操的分值开始发生一系列的变化。从 2008 年北京奥运会后中国艺术体操队的成绩直线滑落，艺术分值是其中之一的原因，2009 年新规则的调整对艺术体操项目的艺术性更是要求甚高。

第四节　艺术素养培养各阶段的培训内容

艺术体操自身所具备的特点使艺术体操的培养呈现出不同的特点，这主要表现在不同的培训阶段，根据培训内容深度的不同，我们可以大致将其划分为三个阶段，分别是初级阶段（5~9 岁）、中级阶段（9~13 岁）和高级阶段（13~17 岁）。

一、初级阶段培养内容

我们在人生的每一个阶段都会经历不同的事，学习任何新鲜事物都是从简单到复杂，从初级到高级，艺术体操的培养与训练同样要遵循这样一个过程。

都说音乐舞蹈不分家，艺术体操表演过程中，呈现在我们面前的是优美的形体动作，而很多时候，大部分人却常常忽略了在这优美的形体动作中，还有很大一部分是音乐在起着作用。

在艺术体操素养培养的初级阶段中，所要培养的重点内容就是运动员对舞蹈和音乐的感知能力，这一点在初级阶段的培养中是尤为重要的。从舞蹈的角度来看，艺术体操的动作与舞蹈动作紧密相关，很大一部分的形体动作与舞蹈动作很类似，并且，这些形体动作的要求标准不低于舞蹈动作。从音乐的角度来看，对于体操运动员来说，在进行体操运动训练过程中，必要的音乐伴奏是很重要的，每个动作的时间是多长，每个动作间所间隔的时间都有明确的规定；在一些有律动性节奏特点的形体动作中，还要求运动员严格按照音乐的节拍来做出相应的动作，以保证动作的流畅与完整性。这些与音乐和舞蹈都是分不开的，这甚至可以说是每一位合格的

体操运动员所要具备的基本功或者可以说是基本素质。

二、中级阶段培养内容

通常情况下来说，当运动员进入中级阶段的培养阶段时，运动员本身已经具备了一定的艺术素养，主要是初级阶段中对音乐与舞蹈基本知识的掌握。因此，这个阶段中，我们所要做的就是重点培养运动员的审美情操。这种类型的训练，通常会放在业余时间（除去正常体能训练之外的时间），其目的也是为了让运动员更好地利用时间，尽量不占用正常体能训练的时间。

为了让读者更好地理解中级阶段中我们所培训的内容，下面举个例子来说明。当我们在现实生活中遇到一位外表美丽的姑娘时，首先我们赞美的是这位姑娘的外表美，不管是脸型的美还是身材的美，这些都在外表美的范畴内。而这里我们所说的审美情操主要体现在人的内在美上，主要表现的是一个人的性格及品德等，而这些因素则是需要一定的实践经历才能对其判断。比如说一位盲人在马路的一端徘徊想要过马路，如果我们看见了，明明知道盲人想过马路却视而不见，这种人的品格我们不容恭维。放在体操运动员身上来说，这种情操也是非常有必要培养的。但需要特别注意的是，艺术情操的培养不是一天两天就能学会的，需要运动员长期对自己的身心进行修炼。

三、高级阶段培养内容

进入高级阶段，可以发现此阶段的培养内容更为深刻。实际上，现实生活中的真实反映都能在艺术的呈现形式中找到其原型，艺术即人们在现实世界中的夸张反映。这种反映不仅能使观赏者受到一定的影响，同时还能在现实社会中对人在某些方面的决断产生干扰，某些情况下还能起到教育人的作用。

对于体操运动员来说，进入高级阶段的艺术培养的最低要求是进行一年以上的审美情操的培养，否则不能进入高级阶段。从该阶段的培养内容上来看，这一阶段主要是对艺术表现能力的培养，体操运动员在体操表演中的表情、表演过程中眼神及作品所表现的情感等都在高级阶段的培养范围内。综合来看，高级阶段的培养在体操运动的训练中也是必不可少的一部分。

第五节　艺术体操与音乐素养

一、艺术体操与音乐

艺术体操起源于西方，其英文叙述方式为 Rhythmic Gymnastics，以竞技为主要内容。从其表演的内容上来看，主要集中在肢体动作上，当然，动作的难度各有不同，评分标准也根据不同的难度有不同的等级划分。从表演人群上来看，体操的表演者全部为女性。有人甚至说体操艺术是小众运动，其实不然。

体操这个历经沧桑的艺术形式，虽然在中国的起步较晚，但是近些年却有了比较快的发展。通过对各种体操比赛运动中动作种类的分析与归类发现，体操所规定的基本动作大致不会低于三种，分别是跳跃、平衡及各种不同形式的波浪形动作。表演过程中各种形体动作的结合将观看比赛的观众置于美的环境中。观看比赛后的观众中很多都会感叹，原来人的肢体表现力是这样丰富。

任何一种艺术形式都有其独特的艺术特点，艺术体操与平时我们所见到的体操相比较来说还有一些明显的特点，具体表现在三个方面，分述如下。

（一）韵律和节奏

前文内容中我们说过，艺术体操与音乐有着密不可分的关系，并且体操运动员在除了体能（肢体动作）训练之外，还有一部分时间需要对音乐的基本内容进行学习，这样做的目的无非是为了在体操运动表演过程中，将肢体动作与音乐伴奏完美结合在一起。从另一方面来说，音乐伴奏能够更清晰地表现音乐的重音，实际上这样说的意思就是在体操动作中也有重音，如果跟音乐伴奏结合在一起，就更能凸显某一动作的重要性。做到音乐、体操运动合二为一，让观看表演的人置身于“美”的世界中。

（二）轻器械

通过对各地不同类型艺术体操动作的了解与分析，总结之后可以发现一个规律，即在艺术体操的表演过程中，手上会拿一些轻器械来辅助完成表演，所谓辅助完成表演的意思就是为整个体操表演加分。比如，常见的体操运动员手上带着球类在表演过程中抛、接等，以展示完美落地的体态。

（三）音乐伴奏

体操与音乐伴奏的关系想必我们不用多说，大家也都非常清楚音乐伴奏在艺术体操中的地位，甚至可以说，没有音乐伴奏，那艺术体操就不是完整的艺术。通过对这句话的理解，就可以充分看出音乐伴奏的重要性。

艺术体操的比赛形式共分为三种，而根据是否带有器械来看，又可分为两种，见图 4-2。

从图中就能非常清晰地看出艺术体操的几种比赛形式，当然，不同的比赛种类对于时间的规定是不同的，根据国际惯例有一个统一的比赛标准，同时，其计时方法也略有差别，具体要求如表 4-3 所示。

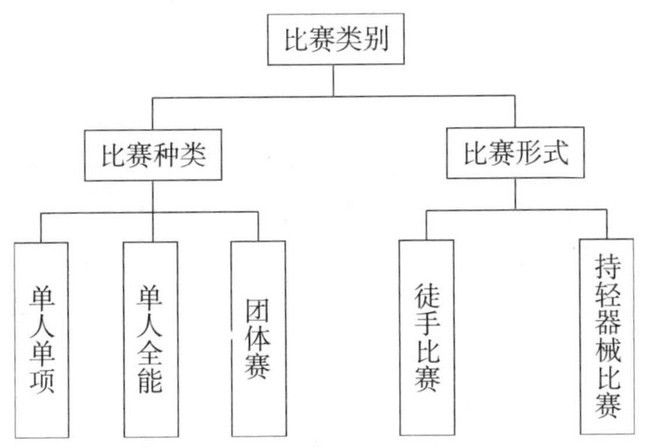

图 4-2　艺术体操比赛类别

表 4-3　艺术体操计时方法

比赛种类	比赛时间	计时方法
单人单项	75~90s	选手的第一个动作开始计时，静止不动时停止计时
单人全能		
团体赛	135~150s	团队的任意一名队员最开始做动作时开始计时，所有队员完全静止时停止计时

在艺术体操比赛过程中，音乐伴奏的时间是根据不同的体操动作，经过不断的删减之后形成的专门供比赛使用的伴奏，比赛中的每一个动作，音乐到了几分几秒是什么动作运动员都已经铭记于心，如果临场遇到特殊情况，某一个动作多停留了一秒或者三五秒，可能后续的动作都会延迟，

影响整个艺术体操的比赛效果。

音乐伴奏就像人体骨骼的作用，将艺术体操的各个动作串联在一起，将其美的感受提升一个层级，艺术体操将无形的“声”与有形的“动作”完美结合在一起。

二、艺术体操音乐的美学特征

艺术体操具有非常强的美学特征，它是通过运动来表现美学内容和情感的艺术形式，它具有突出的运动属性，极具性格化、感情化特征。艺术体操通过形象的鲜明性与抽象性来展现充满活力和优美意境的人体运动。艺术体操音乐具有强烈律动的节奏特征。参与者有目的地抓住其特征与运动有机配合，恰当地提高其艺术价值。在此基础上，进一步领悟音乐的结构形式、表现手法，使艺术体操中的美学逐步系统化。

艺术体操起源于西方国家，其伴奏音乐也在这样重视人文的文化氛围中产生、发展、升华，自由宽泛、创造力的天马行空使西方音乐发展迅猛。在比赛中，国外选手的艺术体操音乐非常重视细节表现，其悠扬婉转的配乐、跌宕起伏的情感体验使人神清气爽、回味悠长。对比中国的艺术体操音乐，过于强调气势、空洞的思想、盲目跟风的态度使艺术体操配乐单一、没有个性，缺少多元的特色，民族风格未能充分展现，音乐的思想性还有待进一步提高。

因此，要使我国的艺术体操无论在艺术的表现力还是文化内涵的体现力度上立于世界之林，我们都需加大力度吸取先进经验，重拾我国古代劳动人民的文化精髓，将中外文化、古今文化融入我们的艺术体操之中。

三、艺术体操音乐的选择

大凡一场完美的艺术体操比赛，均离不开优美音乐的细心选择。

只要是艺术体操，必有音乐的伴奏与烘托。因为音乐能启迪参与者的情感，调动参与者肢体的表现，并配合各个技术动作与技巧的完美融合。黄楚姬认为，艺术体操音乐应该根据动作类型、器械特点、运动员条件（体型、性格、特长）与音乐修养来选择。赵映雪认为，艺术体操应按规则来选择音乐。黄贤媛突出阐释运动员气质类型，根据胆汁质、多血质、黏液质、抑郁质四种不同性格特征来为运动员选择音乐。陈惜娜认为，先“操”后“乐”，即从舞蹈组合的速度与节奏进行选曲，或者先“乐”后“操”，针对音乐的风格特点进行舞蹈编排，这两种方式都是可行的。艺术体操有规定动作和器械项目，其配乐必须与它们相互照应、和谐统一、相映成趣。

通过对一些艺术体操的实践案例分析我们即可发现，艺术体操的音乐选择非常重要。它不仅体现参与者代表的国家和民族的风格，更能体现参与者的技术水准以及赛场上的艺术氛围，还能充分调动观众的情绪。通过文献法发现，国内有关艺术体操音乐研究的文献不多，研究内容多为分析艺术体操与音乐的相互关系、强调音乐在艺术体操中的作用和功能、提出艺术体操音乐文化的概念、研究关于运动员乐感的培养、寻求艺术体操音乐的选择方法。在国内关于艺术体操音乐的研究文献中，我们留意到，关于音乐在艺术体操中的恰当选择有许多值得借鉴的文章和观点。例如，强调节奏的合理使用、具体动作与音乐旋律的协调配合等。

第六节　艺术体操之艺术素养训练

一、舞蹈能力与艺术素质培养

从艺术体操项目的起源到现在的发展就从来没有与舞蹈分开过。这两者本质上的差异在于这两个不同形式项目评定的标准。艺术体操属于竞技体育项目，竞技体育从文化背景来说是一种精神，“公平”则是体现这一精神的最大特点。所以体育项目的每一个动作要求达到精、准的规定，裁判才可以明确地给出一个公平的分数。舞蹈属于艺术活动，艺术从本质上讲是没有一个特定的标准，表现形式是多种多样的，在身体动作上也没有一个标准的要求，但对内在情感的表现上要求甚高。

实际上，这里我们所说的艺术体操与音乐中的舞蹈有很多相通之处，在民间有很多种说法，说的就是艺术体操与舞蹈之间的关系——艺术体操是将体育与音乐中的舞蹈结合之后诞生的一种新的艺术形式。这句话其实说得很有道理，某些情况下来说，我们在欣赏艺术体操的过程中，隐约就能看到像是舞蹈演员在赛场上表演。换个角度来看待这个问题我们可以发现，说艺术体操是体育与舞蹈的结合，其实就是从侧面突出舞蹈在体育中的重要性，也就是说舞蹈在艺术体操中占据非常重要的地位。

话虽如此，我们也都知道舞蹈在艺术体操中的重要性，但是一定要明确一点，舞蹈是艺术体操的另一种表现形式，并不是艺术体操“抄袭”舞蹈的表现方式。其最大的相似点就是艺术体操在其肢体动作的构成中，借鉴了一部分舞蹈动作。并且，从艺术体操训练的基本内容来看，训练肢体的基本功与芭蕾基训中的基本功相似度很高，如在把杆上的练习、转体的练习以及在各种不同高度上的跳跃练习等。

芭蕾的发展历史已经有很长一段时间了，而艺术体操则不同。但是在不断前进发展的过程中，只有逐渐完善、丰富才能使艺术体操有更广阔的发展前景。虽然是借鉴，也要秉承“去其糟粕，取其精华”的原则。

关于舞蹈的具体培养内容选择，我们给出如下建议。

（一）芭蕾基训

在芭蕾基训内容中，除了没有足尖方面的专题训练，其他内容几乎与芭蕾舞练习完全相同，这样做的目的无非是要从综合角度来对艺术体操运动员进行训练，全面提高艺术体操运动员的综合素质。

任何一种训练都需要历经一个很长的周期，不管是处于训练的哪一个阶段，训练的内容都需要每一位参加训练的人十分清晰、明了地掌握，这样才能保证有一个坚实的训练基础，以便在日后的比赛与表演中更好地发挥。

在芭蕾基训的所有训练内容中，最基础的就是脚上动作。脚上动作有不同的脚位，与手位动作类似，需要训练者严格按照标准执行。标准的动作示意图如图 4-3 所示。

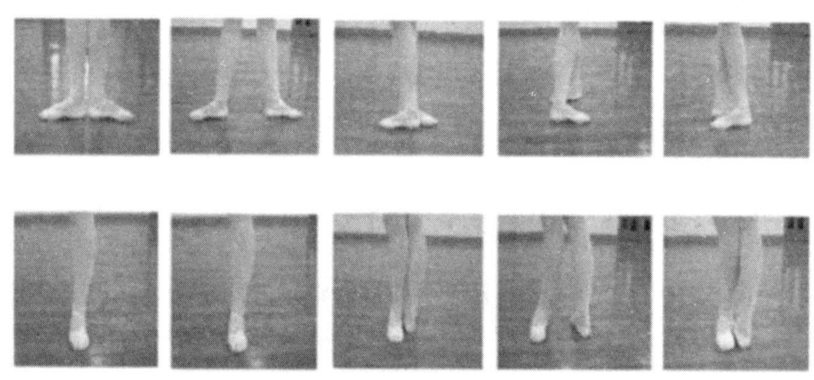

图 4-3　芭蕾基本脚位

一位：双腿外开，两脚跟相对，双脚呈 180°直线。肩部放松，颈部伸长，夹紧臀部。

二位：双脚保持直线，向旁打开，双脚距离与肩同宽或打开一脚的距离。

三位：双腿外开，脚向内收回至双脚重叠，前脚跟紧贴后脚心。前脚盖住后脚的一半。

四位：类似于五位脚，只是前后脚间有一脚的距离，重心在中间，前脚跟与后脚趾关节成一条线。

五位：双脚紧紧靠在一起，脚跟对脚尖。

（二）中国古典舞身韵训练的借鉴

艺术体操运动员与舞蹈演员相比身体动作的韵律和感觉不如舞蹈演员的好。有些运动员在做动作的时候看起来像在跳健美操，我们要明白艺术体操项目是更偏向于舞蹈而不是健美操。解决运动员身体的僵硬感可以借鉴中国古典舞中的身韵训练方法来培养运动员上身的舞蹈感觉。

中国古典舞在我国有着悠久的文化和历史，它起源于中国古代的宫廷舞蹈和来自民间的舞蹈。身韵是中国古典舞的灵魂，体现着舞蹈的韵味和内涵。身韵的基本动作是以形、神、劲、律 4 个要素组成。形，强调刚健挺拔和曲线美。神，指动作的韵律和神采以及内涵。劲，表示节奏和层次。律，代表动作的律动性和动作的规律。从中国古典舞的身韵动作要素可以看出身韵对于运动员练习身体的感觉是非常可行的，身韵的练习可以让运动员的动作更加具有审美性，也可以更好地体现女性气质美和曲线美的特点。

（三）现代舞的学习

现代舞的特点在于精神与身体的结合，主张反映真实的世界，追求情感的表露。运动员可以学习现代舞来提高自身对舞蹈情感的表现。

（四）中国民族舞的学习

中国民族舞的特点是以生动、活泼、自由的表现形式为主。有些舞蹈表现的是某一种情绪，也有些舞蹈是以一种故事情节的方式出现。运动员可选择像藏族舞、傣族舞、新疆舞等一些热情、开朗的舞蹈练习。

二、审美情趣与艺术素质培养

审美是人们在对一切事物的美与丑之间凭直觉做出的一种评判，是主观的心理活动过程。“审美”一词的含义在 18 世纪的西方美学界掀起过一段热潮。哲学家们共同认为：美学是哲学的一个分支，但对审美定义说法不一。他们都共同地意识到如果不尽快深入研究审美的含义和本质，将会影响到各个艺术类学科的发展。

艺术体操项目的艺术造型主要体现在服装与妆容上。漂亮的艺术造型可以在比赛中留给裁判和观众一个较好的印象。

例如2016年里约奥运会俄罗斯队集体项目的服装（图4-4）在款式上有一个很大的改变，突破了以往传统的样式，服装款式大气、新颖、时尚。在这美丽的服装背后涵盖的是俄罗斯艺术体操运动员的审美水平与内涵。审美还可以体现在对色彩、图案的欣赏，近年来跟随着流行趋势的不断变化，运动员在选择体操服和器械时都偏爱亮色。运动员可以在业余时间多关注一些时尚的新闻，或看一些时装杂志，都有利于提高造型审美水平。

图4-4　俄罗斯艺术体操队

艺术的熏陶是长久的，应做到从生活中出发。不同的生活环境造就不同的艺术氛围，长期的艺术熏陶有助于思想品德的提升。艺术素质培养的本身是一种生活态度，可以通过对生活的经验积累，在生活中去观察和发现美。它包括人的言谈举止、语言文字、穿衣打扮、处世待人等方面，这些都可以从生活中的细节看出一个人的气质、风度。艺术素质的提高有利于人格魅力的提升和塑造。艺术是主观的，真正的体会和感悟都要靠自己。艺术素质的提高源于运动员自身对艺术感觉的培养。如果先天缺乏了对艺术的感悟，那么后天培养起来是比较困难的，也是不容易理解和接受的。

审美情趣的培养可以根据自己的爱好去欣赏一些艺术作品，像歌舞剧、听音乐会、欣赏画展、时装秀等。这种高雅的艺术氛围可以感染到运动员的情绪，从而带来美的享受。音乐会的声势与气场可以使运动员更深地理解艺术，也可以推动和促进运动员对音乐的喜爱及学习。运动员也可以通过看电影来提高自身的审美情趣。电影也是很好的艺术作品，运动员可以选择一些歌舞类的电影观看欣赏。歌舞类电影的情节一般都是励志型的，运动员不仅可以欣赏到影片中的舞蹈和音乐，还可以从中受到一些启发，明白台上的一分钟，是需要在台下付出多少的汗水和泪水。欣赏自然美景也有利于提高审美力，自然美景的气息可以放松身心从而开发艺术创造力。教练员可利用周末休息的时间带运动员到城市周边的风景区进行一次短途的旅行。

三、艺术知识与艺术素养培养

充分利用艺术科目教育资源来提高艺术素质。虽然每一个女性先天就具备着或多或少的审美能力，但是这些都是最基本的感官性审美。审美的能力不能只停留在愉悦身心、赏心悦目这样的一个标准，需要通过后天去培养、锻炼、发现，创造才能得到一定的提高。要想接近艺术家的角度去审美或者是拥有一双独特的眼睛，掌握相关专业知识是必不可少的。艺术知识的学习是提高艺术素质最有效的方法之一，还可以加深运动员的文化底蕴，提高运动员自身对艺术的了解。除了天生赋有的艺术感觉外，后天的培养才是最关键的。运动员可以通过后天学习艺术知识和不同类型的艺术课程，从而成为一个具有优秀艺术素质的人。

艺术创造力在艺术体操成套动作中起着非常重要的作用。通过对艺术知识的学习可以开发创造力，也可以使成套动作变得更具吸引力。艺术创造力对于艺术体操运动员来说可以体现在两方面：一是成套动作的编排。二是服装艺术造型。艺术创造力是一种想象在内表现在外的艺术创造活动。艺术创造力离不开自身的艺术知识水平，艺术高于生活又源于生活，艺术作品的内涵也是生活与情感交融的自然流露。艺术的创造力是需要具有超越性的，当面对一件艺术品时，如果可以摆脱现实的约束，那我们看到的就是另外的东西。创造源于灵感，对于艺术而言最好的创造往往都是超现实的。

关于艺术知识的具体培养内容，我们给出如下建议。

（一）了解欧洲文化

艺术体操起源于19世纪末20世纪初的欧洲，并于50年代经苏联传入我国。欧洲人在发明艺术体操的同时把自己国家审美观取向的艺术表现力标准体现在评分规则之中，使艺术体操项目审美评价的标准带有浓厚的区域文化色彩。运动员艺术感染力的水平层次从来都不是技巧问题，而是取决于哪种文化更占主流，哪种文化就取得制定评价标准的权利。了解艺术体操项目的文化背景有助于提高运动员在训练过程中理解每个动作的含义。

（二）了解中国民间艺术活动

中国，作为一个具有上千万年历史文明的国家，我们应当充分利用我们的地域民族特色，了解一些关于民族传统文化的活动。加强对课程设置的开发。使运动员在了解中国文化的同时感受中国特色的美。了解中国民间艺术活动可以在运动员艺术思维能力的基础上开发艺术创造力，也可使成套动作的编排多一点想象的空间。在我国也有一部分民间艺术是将体育融合到里面来的，像舞龙、舞狮、秧歌等。艺术与体育的结合早在人类文明开始时就是相互存在、相互依赖的。

四、艺术表现力与艺术素质培养

表现力是通过艺术活动传递出来的情感色彩。只有真情的流露，才能产生强烈的艺术感染力。艺术体操项目是由裁判员打分来决定最后的名次，打分项目的特点就是人性化，分数的偏差也是难免的，我们可以抓住这一缺点来把它变成优点。我们知道，人都是有感情的，当一个人内心深处的情感被触碰时，感性是大于理性的。运动员也可以通过一些训练方法来提高自己的艺术表现力。

对于表演类型的体育项目来说情感表达的培养是必不可少的。情感表达可以体现出运动员对整套动作内涵的理解，也可以看出运动员艺术素质的水平如何。艺术体操项目的情感表达方式是多元化的，它与舞蹈一样都可以通过肢体和面部表情来表达内心的情感。

在我国过去的艺术体操比赛中，可以看到每个运动员的面部都是一种表情“笑”。而且这种“笑”只是在运动员面对裁判的时候，背对着裁判的时候就面无表情。由此可以看出，这种“笑”只是一种形式，并不能代表运动员的情感。虽然艺术体操的成套动作是没有情节的，但是我们可以通过音乐的特点去传达出面部的表情。面部的表情是一种情感的表达方式，是一种真情的流露。对于艺术体操运动员而言，从面部表情就可以看出其对艺术的理解，对动作美的享受程度。

针对艺术表现力的具体培养内容，我们给出如下建议。

（一）模仿练习

模仿练习是根据某一项事物的特点和特征进行类似的活动学习。模仿的范围在艺术活动的范围内，模仿是以肢体、表情、眼神这 3 种形式组成。模仿练习可以更好地开发运动员表现力的思维，循序渐进的练习能有助于艺术表现力的提高。练习方法很简单，但要做得好做得像还是具有一定的困难。模仿的材料可选择舞蹈或舞剧，也可选择一些艺术表现力强的影视作品。模仿的技巧是抓住人物的特征和一些微妙的动作，眼神是关键。

（二）角色扮演

角色扮演常出现于戏剧表演中。角色扮演的练习可以使运动员更快地抓住人物的特点，像在成套的艺术体操中根据音乐风格的不同塑造出来的人物情感是不一样的，这时候考验的就是一个运动员的表演能力。由于角色扮演练习的时间花费较大，运动员可选择在课余时间进行练习。

由于艺术体操项目的专业性质较强，教练员基本上都是专业运动员退役下来的，多数教练员在从事艺术体操训练时就已经缺乏了艺术素质的培养，所以在从事教学过程中自然就会忽视对运动员艺术素质的培养。教练员作为艺术素质培养的主导者，应具备较高的艺术素质，才能帮助和引导运动员。在日常训练中，教练员对音乐、舞蹈以及成套动作情感表达的每一个观念和态度都会影响到运动员。这也是我们在赛场上常看到某个运动员展现出来的成套风格就是自己教练员当年作为运动员时的风格，可以看出教练员自身的艺术素质是影响运动员的一个重要因素。由于培养的对象是运动员，运动员需要通过自身艺术素质的提高从而在赛场展现给观众和裁判。可以展现出来的东西一定是自己内心深处理解和掌握的。在这个科技发达的时代，建议教练员通过网络去欣赏大量的艺术作品，学习相关的艺术知识来完善自身的艺术素质。

实验证明，艺术体操运动员艺术素质的培养有利于艺术体操项目的发展。我国运动员的训练注重的是形式美，忽略了内在美，整个成套动作看起来精彩，但是缺乏内涵。在艺术素质培养的教学中应注重实践培养，而不是理论知识，艺术素质培养的内容是灵活的，具有一定想象空间和创新思维，培养的过程中不能照本宣科，教练员应归纳总结出适合艺术体操运动员的一套独特的教学模式，并引导运动员去大量地接触艺术，感觉艺术，创造艺术。

第五章　信息技术在艺术体操训练指导中的应用

第五章　信息技术在艺术体操训练指导中的应用

艺术体操的发展相对于其他运动，如乒乓球、排球等我们新中国成立之初就开始产生并蓬勃发展的项目而言，是比较新的，比较“年轻”的。但是，伴随着我国综合实力的不断提高，其已经在我们国家悉心培养下代表我国运动项目参加了国际上一系列的大赛，并取得了非常好的效果，拿到了比较优异的成绩。例如，中国队艺术体操的成绩，由1981年初次参加第10届世界锦标赛的第十六名，到1987年第三次参加世锦赛的前三名，短时间内成绩的迅速上升让同项目的其他国家的人们另眼相看，不仅提升了我国艺术体操队的国际地位，还大大地提高了自信心，并学到了很多非常宝贵的经验。当然，这也离不开我国艺术体操本身在集体项目方面所蕴含一定的优势。

但是，我国艺术体操的发展速度与世界艺术体操较为先进的国家相比仍处于落后的状态，一方面是因为发展起步晚，在成套动作的编排方面仍不成熟，如2001年和2002年连续两届世锦赛的中国艺术体操比赛成绩的“低编排分”。

艺术体操编排方面的要求主要有以下几个方面的内容：

（1）要注重动作方面的丰富特性，即身体动作、手持器械动作的不同连接方式，身体动作、器械动作的不同合作手法等。

（2）要注意动作的创新性。这也符合专业评委所要求的，人们观看起来也比较有新奇感，提高其对艺术体操的认知和接下来的观看频率与态度。

（3）要注意动作的可看性。这是艺术体操所希望带给人们的最主要的感觉，即艺术体操很好看，值得去看等。

丰富多变的艺术体操动作不但可以给裁判员留下好的印象，提高裁判的好感，更能体现编排的专业度，取得好成绩。而编排得好坏，至今已经成为人们判断一个国家、一个队的重要参考依据，这一依据也为大多数裁判所认可并执行。

因此，我们需要做到以下几点。

（1）加强编排的动作创新。

（2）提高集体项目的动作编排，发挥我国艺术体操在集体项目方面的优势。

（3）理解体操新规的精神，更好地贯彻艺术体操的内涵。

（4）提前把握国际方面的艺术体操技术发展水平的现状和趋势。

（5）加强有关编排技术的利用。

（6）构建一套或多套有关动作方面的编排模式。

另一方面，整个艺术体操项目也在不断变化发展。主要指艺术体操的比赛规则在不断变化，我们要抓住这样的时机尽最大努力地开发利用计算机技术、设计好与其他国家不一样但很有特色的基本编排，提高编排效果，进而建立我国艺术体操的模式系统，为提高我国艺术体操的国际地位扫清障碍。

另外，本研究的主要内容，是在分析我国艺术体操发展的现状中存在问题的基础上找到如何解决这些问题的方法。首先，我国初步研究了计算机辅助编排艺术体操的成功案例及其选材方法，主要是为了吸收他人的优秀经验建立具有我国艺术体操特色的选材模式，为教练员的选材提供科学的方法，也为整个多元化选材体系做一定的基础性工作，以尽快地培养出我国的优秀艺术体操运动员。其次，也希望通过计算机辅助选材的成功开发研究，为计算机辅助编排和选材奠定良好的基础，带给教练员一个全新的、先进的编排工具，让我们的编排变得更简单化，更易操作，也使教练员的思维和能力得到极致的发挥。不久的将来，编排和选材将不再是困扰我国艺术体操发展的难关，让世界震惊的飞速发展将改变中国艺术体操的地位，而充分具有冲金的实力。更希望能为中国艺术体操注入新的科技元素，更全方位、更科学化地为艺术体操项目服务，加快我国艺术体操的发展步伐，使中国艺术体操最终实现在奥运会上夺冠的奋斗目标。

第一节　体育训练与管理信息技术应用概述

一、管理信息技术对体育训练的重要性

现代科技的发展日新月异，对于体育的影响也是巨大的。由于科技的发展越来越快，在生活中广泛普及，在体育领域中应用和涉及的地方也很

多，体育运动的发展越来越快，现代体育进入了发展的高峰期。运动竞技能力的快速提高、体育信息量的迅速增长得益于学科种类多、知识新和技术新。当今，科技已经成为体育发展水平的关键因素，原因是当今的竞技体育的水平逐渐提高，运动的难度也在逐渐增加。当今竞技体育发展的主要趋势是相关的高科技技术理论以及计算机应用技术对体育领域完全、深刻长远的渗入浸透，它可以在培养运动员的过程中，发挥系统、全面、科学的作用，可以全方位地挖掘和绝佳地匹配运动员所拥有的特长，突破性地提高运动员的竞技成绩。随着信息技术的扩大化发展，尤其是互联网的普及，标志着世界已进入了以信息技术为中心的高科技的迅猛发展的第三次工业革命时期，信息技术给人们的生活以及生产方式带来了巨大的影响，它用巨大的能量，不断地将人类社会推入到迅速发展的新时期。与此同时，我国体育事业的发展也受到它深刻的影响和促进。如今，管理信息技术已经渗入了现代竞技体育中的方方面面，例如运动员注册、训练的管理等，这样可以更有效率和效果地对竞技体育进行管理。

目前，由于我国鼓励并提倡体育产业化，不断出台相关政策，我国的体育逐渐由竞技向职业化过渡，而体育的具体效果和利益取决于体育的成绩和它所带来的巨大影响，当前高科技在体育领域中的应用决定了体育运动的成绩。实行奥运金牌战略，从一定程度上来说也依靠计算机在体育领域中的推广。

众所周知，在我国的现代体育发展中，信息技术有着举足轻重的作用。如今，竞技体育已经到了发展的瓶颈时期，为了让竞技体育可以有所突破，世界各国开始从新的科学技术上寻找突破口。至今，从某种程度上说，是管理信息技术帮助竞技体育得到新发展，运动员成绩得到进一步提升。目前，世界各国特别是发达国家正在全力地将信息技术全方位地运用到竞技体育的发展中，这是体育科学重点研究的一个方面。应用管理技术在体育成绩提高以及训练方法改进方面提供了重要依据。

需要我们注意的是，运动训练是竞技体育不可分割的组成部分，训练管理会对竞技成绩产生巨大影响，对于体育信息管理化来说也有举足轻重的作用。赵黎（原国家体育总局体育信息中心主任）曾经在文章中提出，体育信息化的建设重点应包括运动队的竞技训练管理，竞技训练应包括很多方面（例如，国际对手的档案、训练成绩的评估等），在技术统计分析中，应把多学科理论和多媒体技术涵盖进去。对竞赛水平的提高非常有利，对训练竞赛情况尽力给出定量或定性与定量相结合的科学技术分析。

运用信息化技术，配合科学的信息化管理软件，可以实现网络提交训练计划、远程监控训练效果、技战术辅助决策等功能，从而大大提高运动队管理人员的工作效率，使工作流程自动化、科学化。体育管理者应当掌握科学的、实效的管理理念，重视管理信息技术在体育训练中的作用，并应用到训练管理中去，以最小的投入获取最大的成效，充分调动广大教练员、运动员的训练热情，从而使信息化的管理成为体育管理中最实用、最有效的方法和手段。

二、管理信息技术应用对体育训练的必要性

通过对艺术体操这门体育项目的了解可以发现，艺术体操虽没有其他体育项目发展的时间长，但从其整体的发展态势上来看，其动力不低于其他体育运动项目。

如果说科学实效的选材是运动员成才的奠基之石，那么成套动作的编排则是奠定比赛胜利的基础。成套动作的编排是衡量一个队或一个国家艺术体操水平的标志，评分规则的频繁变化使得成套动作编排的价值日益提高。通过多年对我国艺术体操在国际大赛中的技术价值、艺术价值、完成等各方面的分析研究来看，我国与世界先进水平的主要差距表现在成套动作的编排上。我国艺术体操无论个人项目还是集体项目，器械抛、接单调枯燥，器械交换千篇一律，编排构思缺乏创新性和独特性。这使得在国际大赛中，我国的艺术价值得分始终低于技术分和完成分，阻碍了我国艺术体操整体往更高水平发展的步伐。计算机虚拟现实技术设计可以迅速改变我国成套编排长期落后的面貌，提高我国艺术体操编排水平。它用建立在二维平面设计系统的基础上，为三维动作演示提供了基础，为教练员在动作选择、动作编辑，成套动作设计方面提供了计算机技术辅助。使艺术体操集体项目的编排过程具有可视化和可编辑化，编排结果具有保存性和可重用性。这样不仅能缩短成套动作的编排周期，而且为教练员提供更广阔的编排空间，为运动员潜在的能力的挖掘提供了更崭新的平台。要取得好的成绩必须把信息技术全面引入体育工作，加强科学训练，尤其是随着我国体育产业化政策的出台，竞技体育向职业化方向转型，体育的具体效益就是体育成绩及其所带来的影响，而目前体育运动成绩在很大程度上取决于信息技术在体育领域中的应用。奥运金牌战略的实施，在一定程度上也依仗于信息技术在体育领域的普及。所以说，今后几年是计算机技术在我国体育领域中应用的关键时期，它将把中国带入体育的信息技术时代，使中国在世界体坛上更加腾飞。

三、信息管理技术在我国体育领域的应用取得一定成效

信息管理技术为教练员实现科学选材、科学化编排创造了条件。成功的选材不仅要对运动员身体形态进行挑选，而且还要对运动员未来的综合能力做预测。采用计算机技术只要提取运动员关键部位的尺寸参数，教练员就可以在计算机屏幕上观察符合运动员真实身体形态的人体模型。同样对运动员的心理、身体素质等因素也可以根据计算机提供的评价参数指标与运动员实际测试的数据进行多层次综合性的对比，从而挑选综合能力较强的运动员，这样就大大提高了选材的成功率和运动员的成材率。信息管理技术为教练员简化了艺术体操的选材全过程，使得教练员从简单而繁杂的数据处理与分析工作中解脱出来，把主要精力放在提升运动员训练和比赛水平上去，节省了人力物力。同时，通过计算机的支持，能够减少选材的主观误差，充分利用专家知识对运动员的发展进行预测，使选材的成功率得到大幅度的提升；另外，网络化的选材平台还能整合全国各地的教练员和运动员资源，降低选材费用并提高选材的效率，使艺术体操的选材更加科学化、简单化、快捷化。信息管理技术为教练员实现了科学的选材途径，也为科学化的成套动作编排创造了条件。三维人体虚拟技术拓展了教练员的编排思维空间，教练员只要应用计算机就可以完成对成套动作的编排，并可以反复演示及修改，力争创造出编排新颖、价值最高的成套动作。更有助于实现教练员多元化和创新性的编排构想，使编排具有多元选择性和操作简易性，解决了教练员编排工作烦琐、思路狭窄、无创新、价值低、从编排到训练循环时间长等问题，为教练员提供了多样化、科学合理化的编排空间。

从成功的选材到运动训练模式到完成编排价值超群的成套动作，这是一个运动员能在艺术体操项目上取得成功的三部曲。而计算机技术对选材、训练和编排的辅助作用，不仅能使教练员减少选材的主观误差，提升运动员的训练效率，扩大教练员的编排空间，减轻教练员复杂繁重的工作量，而且还塑造了一名世界高水平运动员或运动队。软件的设计则是实现信息管理技术辅助艺术体操项目的关键。

四、信息管理技术对体育训练的影响

运用信息管理技术进行运动队的运动训练管理，具有利用多媒体、交互性强的特点，使管理者可以更加详细和及时地掌握训练教学的效果，从而提高了管理的质量，使得整个训练教学过程更加科学化、自动化、规范化。计算机可应用于运动队训练管理的几个方面，即管理训练计划，进行训练总结，运动竞赛的辅助管理，运动员体质测查、运动员档案、体育情报、体育设施和经费的管理。

运动训练信息管理系统进行训练计划管理，可以对运动员竞技能力的状态、竞技潜力进行较为科学的分析，更准确地将运动员的训练状态进行比较，并做出科学的预测。同时，该训练系统完整规范地保存训练过程中的文字、数据、图像信息，不仅可以大大提高教练员的工作效率，快速、准确地分析统计出训练中各种数据，还可以帮助教练员避免训练中的盲目性和随意性，为各个训练阶段提供确定适宜的训练量和负荷强度，帮助教练员制定科学的决策。计算机辅助训练，还可以加强教练员与运动员之间的沟通，教练员可以通过系统管理训练计划，掌握训练反馈信息，并且把生物力学、生理生化等科研指标融入运动员的日常训练中去，从而为教练员提供高水平、高效率的训练平台，形成集中的训练信息数据库，从而积累宝贵的训练经验。这样就可以个性化地对每名运动员训练信息进行积累和分析，制定有针对性的、个性化的科学训练计划。计算机辅助训练把以往分散在各个领域的体育科研项目整合在一起，综合地应用到体育训练中去。由此既促进了原有各个方向的研究，又提高了训练水平。因此，信息管理技术对我国的体育训练有着功不可没的影响。

第二节　艺术体操训练管理信息技术应用概述

一、艺术体操训练管理对信息化的需求

艺术体操是一项徒手或手持轻器械在音乐的伴奏下以自然性和韵律性动作为基础的体育运动项目，也是一种艺术性较强的女子竞技性体操项

目。艺术体操诞生于19世纪末20世纪初，1962年艺术体操成为被国际体操联合会确定的比赛项目，1984年成为奥运会的正式比赛项目。艺术体操自20世纪50年代初期被引入我国，经过了六十多年的发展，至今我国的艺术体操已经形成了较为完整的训练体系，近年来，在国际上也取得了相当可观的成绩。随着艺术体操项目在我国的发展，艺术体操运动员的队伍也在不断壮大，训练管理的信息量不断增多，管理难度不断增大，传统的、单靠人力的训练管理模式已经无法满足现代竞技体育管理准确性和及时性的要求。我国艺术体操运动员的管理也需要信息化、系统化、高效化，因此，一套科学有效的艺术体操训练管理系统已成为必要。

为了适应这种需要，应努力运用文献资料法、调查法、软件开发法、专家访谈法等，对艺术体操运动队训练管理的各个方面进行调查，为我国艺术体操训练管理系统提供具有可行性的设计方案，从而为我国艺术体操训练管理系统的开发提供依据，为实现我国艺术体操训练管理的信息化、系统化、高效化提供一点帮助。

二、艺术体操训练中的管理信息和管理系统

（一）管理信息的概念

一般将对人们所从事的社会经济活动有用的，可以影响和控制人们的生产、服务和经营活动的信息统称为管理信息，管理信息来源于数据，是对数据进行加工处理的产物。这是管理信息的管理学概念。

中国的艺术体操训练承担着奥运争光的重大使命，是一项具有经济意义、社会意义和政治意义的重要的社会活动。在艺术体操训练活动的范畴中，可以将管理信息的概念进行迁移，即艺术体操训练管理信息是对训练活动有用的，可以影响训练组织和训练效果，从而提高竞技成绩的信息的统称。在运动训练的过程中，可以产生大量数据，并以多种方式记录下来，不同类型的数据经过科学处理，就可以记录训练过程，检验训练效果，甚至作为训练决策的基础信息来源。在运动训练活动中，运动员资料、训练计划、测验成绩、运动员伤病情况、生理生化指标数据等都可以作为基础数据，将这些数据加工处理后，即可得出对训练活动管理有用的管理信息。

在运动训练活动的管理过程中，有各个管理层级，担任不同的角色，处理不同的数据，如上级体育机构领导、教练员、领队、队医等。他们的职能不同、层级不同，但都会涉及训练管理信息，彼此相互影响，下层训

练管理的结果，是下层训练决策的依据，上层决策的结果，又是下层进行训练管理的重要指导，同层级不同部门间的管理信息也可以相互利用，可以说各个层级、不同角色间，形成了一条管理信息链，这就是竞技体育训练管理信息的递归定义，见图 5-1。

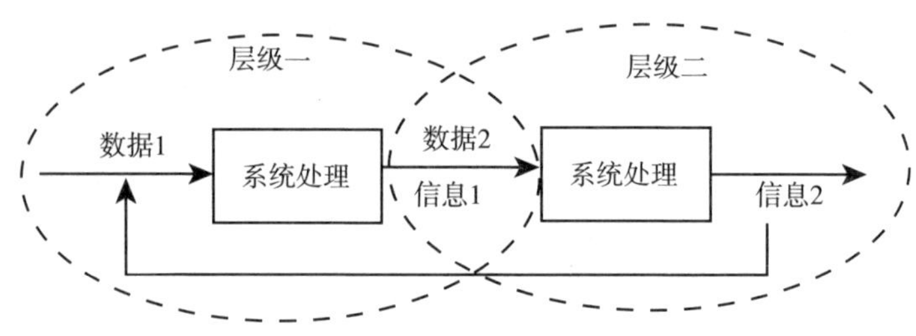

图 5-1 训练管理的递归定义

（二）管理系统的概念

系统是由相互作用和相互依赖的若干要素组合而成、具有特定功能和特定目标的有机整体，系统内部各个要素之间形成了相对稳定的结构和秩序。管理系统即是对系统中的各个要素进行组织和管理，使系统内部结构优化、关系协调，从而获得“1+1>2”的系统效益。

管理系统通常由三个部分构成：一是管理的客体，即管理对象；二是管理的主体，即管理者；三是将二者相联系的系统机制。管理者通过信息系统对管理对象发布管理指令，管理对象按照上级的指令工作，并给予反馈信息，通过信息系统传递给管理者，这个过程中还有外部环境及其他因素对信息系统的信息处理过程产生影响，见图 5-2。

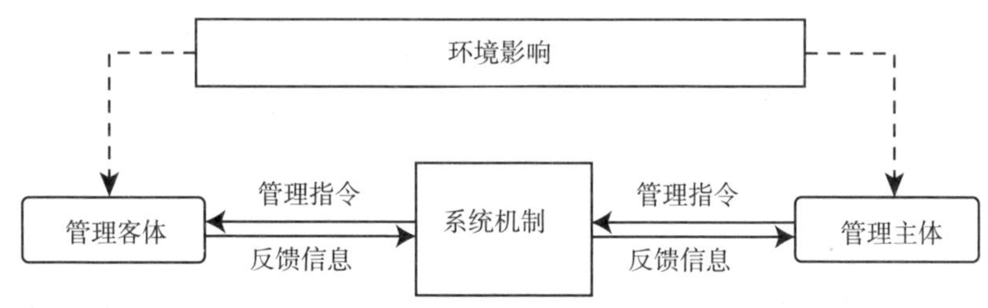

图 5-2 管理系统构成

（三）管理信息系统的功能

管理信息系统的功能在于通过现代化的技术设备，进行信息自收集和输入、存储、传输、更新、处理和维护，以提高管理过程的效率为目的，同时起到支持管理者决策，辅助管理者进行管理过程的控制，将信息管理集成化的作用。

管理信息系统应用于不同的行业时，体现出不同的结构、不同的模式，这是因为不同行业有其特有的行业特点，管理信息系统应根据所服务的行业的不同进行个性化的设计，从而更好地服务该行业。运动训练是体育领域中最为重要的基础活动之一，该活动具有的特点与其他管理信息系统发展成熟的行业特点完全不同，不能将其他行业模式的管理信息、系统简单复用于运动训练管理当中。我国正处在运动训练管理信息化的起步阶段，应根据运动训练的特点，设计专门性的管理信息系统模型，并在实践中不断完善其功能。当然，管理信息系统的最根本的功能对于任何行业都是一样的，那就是信息的收集和输入、存储、传输、更新、处理和维护。

三、管理信息技术应用在艺术体操训练中的作用

对于竞技训练过程来说，训练过程中的各个环节都可以成为信息源。要采集这些信息，首先需要确定合理有效的信息源，然后通过管理信息系统实现训练过程中各种宝贵信息的及时采集和稳定调控。在艺术体操项目中，如何把握信息技术与训练之间的关系是非常重要的。虽然信息技术具有巨大的作用，但由于体育项目的特殊性，特别是作为难美项群的艺术体操项目，决定了信息技术在训练中只能起到辅助的作用。因为信息技术的实现依赖于计算机平台，也就是说它需要在设备齐全的条件下进行。而艺术体操项目主是通过实际的训练来进行，大部分的训练时间、训练场地都必须在符合一定条件的场馆里完成。因此，现在计算机技术虽然是艺术体操项目的一个重要组成部分，但在使用过程中，由于各方面条件的限制只能起到辅助作用。

信息技术在艺术体操项目中只能起到辅助作用，而不是主要作用，可以从选材和动作编排两个方面来看。计算机辅助运动员选材系统为我们建立了科学的、全面的人体参数指标，突破了以前单凭教练员眼看、手摸的经验性选材模式，提高了选材的成功率。但对运动员身体及其机能的原始测量是计算机代替不了的，还必须依靠人工完成测量并记录进入计算机系统。由于艺术体操运动员体育寿命短暂，教练员挑选的运动员苗子的年龄段通常限制在 5 到 12 岁。在这个年龄段，人体还没有开始发育或正在发育当中，身体结构、骨骼、生理、心理都处于不稳定的状态，虽然我们把这些因素都考虑在内，但由于人体个体的差异，包括在不同的生长环境下

身心发育也会受到不同的影响。这些是信息管理系统不能计算到的，加之现在全国艺术体操开展不广泛，训练人口不足等客观原因的存在，给选材工作也带来了一定的困难。

管理信息技术辅助动作编排系统的开发给教练员带来了诸多益处，节约了编排时间，开阔了编排思路，完善了和运动员间之间的交流，但这归根结底还是教练员的智慧和能力，教练员是编排的灵魂，运动员则体现编排的价值，计算机只是完善编排的效果，最终编排是教练的成果。只有提高教练员的意识、素质、思维、欣赏水平和编排能力，他们才能有精心的编排创意，计算机能辅助教练员完成美好的心愿，但心愿的构想早已在教练员心中发芽生长。

综上所述，由于体育项目的特殊性，管理信息技术在体育领域中都只能起到一定的辅助作用，管理信息技术可以帮助提高训练成绩，改善训练方法，提供科学的训练依据，但最终教练员严谨的执教和运动员刻苦的训练，才是金牌实现的保证。

四、艺术体操训练管理信息系统应用分析

（一）用户基本信息管理应用

艺术体操训练管理信息系统是面向多层次、多用户的复杂管理信息系统，管理用户的基本资料是用户进一步操作系统的前提。每一名登录使用本系统的用户应有一个唯一的用户名和密码作为身份识别的依据，每一个用户名对应这个用户的基本信息和角色信息。用户的基本信息应记录该用户的姓名、年龄、民族等基本资料，以及运动经历、教育经历、从教经历等历史记录等。作为本系统管理的主体的运动员，其用户资料应最为详尽，运动员的基本资料也是基本信息管理的主体。用户角色代表了该用户使用系统的权限。管理层、教练员、运动员等作为训练管理流程中承担不同职能的不同角色，他们在使用本管理信息系统时，可以接触到的信息和可以使用的功能模块也是不同的。角色权限设置的作用除了区分不同用户的职能，还可以起到保护机密信息的安全防范作用。

（二）训练计划管理应用

训练计划是教练员预先制定的对运动训练的理论安排。包括多年训练计划、年度训练计划、周训练计划等。科学地制订训练计划，将培养优秀运动员的过程严格地控制在科学的训练计划下，是培养优秀运动员的必经

之路。训练计划在运动训练的实施过程中占有如此重要的地位，因此，训练计划管理是艺术体操训练管理信息系统中最为重要的功能模块之一。

年度训练计划有适应比赛周期的年度性特点，通常根据比赛时间划分为训练期、比赛期和恢复期。对于国家队级别的高水平运动员，进队时就已经有较高的技术水平，全程性多年训练计划的实用价值就降低了，而以比赛为周期核心的年度训练计划则是运动员从事训练活动的最为重要的指针。与此同时周计划和课时计划则是更为细致的训练计划，应注明详细的训练内容和训练负荷并具有更明显的个体化特征。训练计划是前瞻性的训练指导文件，在执行的过程中并非一成不变，而是根据运动员的实际训练情况进化的，因此，训练计划的管理需要支持灵活调取和修改的功能。

在艺术体操的专项训练中，训练内容包括专项体能训练、身体技术训练、器械技术训练、舞蹈表演训练、心理、战术和运动智能训练等。不同年龄阶段的运动员在训练中承受的运动负荷不同。运动负荷由负荷量和负荷强度组成。艺术体操项目训练负荷量通常采用难度动作数量、联合难度数量、成套动作数量、训练总时间等指标进行评价；负荷强度通常采用高难度动作数量及其在总动作数量中占的比重、成套训练时难度动作的完成情况、心率、恢复期的生理指标等进行评价。

因此，本系统应能够实现年度训练计划、周训练计划和课时训练计划的管理，并能够针对不同的对象指定不同的训练计划，如为全队指定相同的训练计划和为某一名运动员指定个体训练计划，同时可以随时查看和修改训练计划。还应实现对训练内容和运动负荷的控制，可以准确记录训练内容和运动负荷，并能够监控运动员对运动负荷的承受能力，从而合理调整运动员的训练内容和运动负荷。

（三）比赛信息管理应用

运动训练归根结底是为竞技比赛做准备的，运动训练的主要目的就是提高竞技水平、取得一定的比赛成绩，它是对训练成果有效且直接的检验。比赛目标和比赛成绩又对运动员的运动训练具有指导意义。运动训练和比赛之间是相互影响、紧密关联的两个环节。因此，训练管理信息系统作为运动训练各个环节的信息传递的纽带，要将比赛信息管理作为一项重要内容。基本比赛信息包括赛会规模、比赛时间、举办地、参赛项目、参赛运动员、随队人员、比赛成绩等。年度训练根据比赛的时间划分周期，每个训练周期的任务与比赛目标密切相关。教练员可以根据训练计划和训练目标制定比赛计划，也可以根据比赛周期和比赛目标制定训练计划，训练管理信息系统应保证这部分的信息畅通。完成比赛后，还应对比赛进行总结与评估，分析比赛中体现的信息，找到队伍现存的优势与劣势，更有效地为下一步制定出准确的方向。在为比赛进行参赛运动员选择时，需要参考运动员的历史比赛成绩、训练水平、平时测验成绩、近期竞技状态、教练员评价等，将这些参考信息准确及时地整合起来，将有利于选择合适的参赛运动员、安排合理的比赛技战术，最终取得更好的比赛成绩。

运动员的参赛信息还是运动员档案的重要组成部分，它记录了运动员竞技生涯中的重要节点，对运动员参赛信息的记录、整理与分析，可以为总结经验教训、研究和改进训练方法，提高技术水平提供参考。

（四）科研信息管理应用

科学技术是第一生产力，在社会发展的大环境下是如此，在运动训练领域也是如此。随着现代竞技水平的提高，科学技术已经成为影响竞技成绩的主要因素之一。体育科研与运动实践相结合是国家竞技体育发展过程中的一贯要求。

针对运动训练开展的科学研究主要涉及运动训练现状、体制改革与对策、运动训练理论与方法、技战术基本理论、场地及运动器材、规则、裁判、教练员、生理、生化研究、心理、运动损伤、竞赛、运动训练控制、选材等方面。

可以说运动训练科研是一个信息量巨大的复杂体系。在艺术体操训练管理信息系统中，训练过程的信息管理是主体，科研信息管理可以对训练过程产生影响，因此将科研信息管理作为本系统的一个次要组成部分，不作为系统的最重要功能。

因此，在科研信息管理的功能定位是储存和初步处理艺术体操训练活动中产生的常用科研数据。在训练活动中，为了监控运动员的疲劳程度，促进运动员机体疲劳的恢复，科研人员常用生理生化指标对运动员身体状况进行监控，作为运动训练成功的科学保障。利用生理生化指标监控手段，及时地对运动员机体的疲劳程度和恢复情况进行分析诊断，防止过度训练，是实现运动训练科学化、提高运动训练水平的关键。

第六章　艺术体操训练指导系统

第六章　艺术体操训练指导系统

第一节　艺术体操训练指导系统概述

艺术体操训练指导系统可以根据学生身体素质情况对其艺术体操训练提出不同的训练要求，依据学生在日常的训练当中的各种表现对其进行评价，并通过对于表现评价的情况来指导艺术体操学生更好地进行艺术体操训练。

本书首先建立了学生身体素质指标体系模型，在获取学生身体素质指标体系模型的基础上，提出了艺术体操训练指标体系模型，结合教师在艺术体操训练中的经验，确立了艺术体操训练中各项动作对于各类身体素质的要求，建立了身体素质指标体系模型与艺术体操训练指标体系的映射计算模型，获取了艺术体操训练指标体系之后，本书建立了艺术体操训练指导模型，并在模型建立的基础上实现了对于模型的增量反馈机制。通过该项机制的采用，优化了指标体系中各指标的取值以及艺术体操指导模型，从而获取更加精确的评价结果和更加有效的艺术体操训练指导方案。

在建立艺术体操指标体系以及艺术体操训练指导模型的基础上，完成了对于系统的需求分析以及系统总体设计的内容，依照对于系统各个方面提出的要求，对于系统总体设计的各个模块进行了详细的描述和功能分析，初步完成了对艺术体操训练指导系统的设计。基于系统设计的内容，本书采用 SSH 框架实现了系统要求的各项功能，并对系统的实现进行了详细设计，完成了艺术体操训练指导系统的构建。之后，对于系统核心功能进行了集中测试，对于系统中存在的问题进行了修复，进一步完善了系统。本书设计的艺术训练指导系统，不仅可以对学生在训练中进行检查和指导，同时对教练员和艺术体操训练大纲的制定者也有一定的指导作用。通过本系统，可以对艺术体操学生训练状况有详细的了解，从而对制定艺术体操训练培养方案和艺术体操训练大纲提供决策支持。此外，本书提出的艺术体操训练指标体系和艺术体操训练指导模型也可以为从事艺术体操研究的学者提供一定的参考。

本书提出的艺术体操训练指导系统完成了设计的功能，但还存在一些问题，主要有以下三点。

（1）本系统在国际艺术体操评分规则的基础上初步得出了指标，之后在历年评分标准的演变中完善指标，这其中存在一个问题，即指标的选取是根据个人对于评价规则的理解获取的，可能会造成某些指标的遗漏。

（2）在模型的优化以及指标权值的分配方面，由于采用训练的数据较少，使指标权值的分配和模型的精度在一定程度上受到影响。由于系统模型不够优化，在增量反馈机制中对于系统的优化训练次数增加，降低了系统的运行速度和计算精度。

（3）数据的校验和预测算法还不够优化，使系统中还存在一定的垃圾数据。这些垃圾数据在一定程度上降低了数据库的运行效率，增加了系统内存的数量，降低了系统的执行效率。

综上所述，本系统还有大量的提升空间，并且现在许多优秀的编程工具以及高效的算法的提出，对本书实现的艺术体操训练指导系统具有很好的借鉴作用，希望在系统的使用中，能够得到更多的用户体验反馈。

第二节　艺术体操训练指导系统分析

本节主要从系统的总体需求目标、用例图、活动图、类图、系统性能需求这几方面描述系统的需求。系统用户类型进行细分，满足各类用户系统需求的同时，通过系统权限控制提升系统的安全性。采用软件工程中系统需求分析相关方法，使用 UML 建模语言进行系统功能需求分析，为后续的系统设计和实现提供有力支持。

一、艺术体操训练指导系统总体需求

随着艺术体操运动不断地推广以及参加艺术体操训练人数的增加，艺术体操训练中存在的问题也不断显现出来，学生身体形态、身体素质方面存在的差异性对统一式的艺术体操教学方式提出新的问题和挑战。

统一式的艺术体操教学模式，脱离学生的个体差异特征，越来越多的学生在训练中不能得到充分的练习，参与艺术体操训练的指导老师也不能很好地掌握同学们训练情况，进而无法制定出适合学生训练的培养方案。艺术体操教学大纲制定人员，对于学生参与训练情况的不了解，从而无法

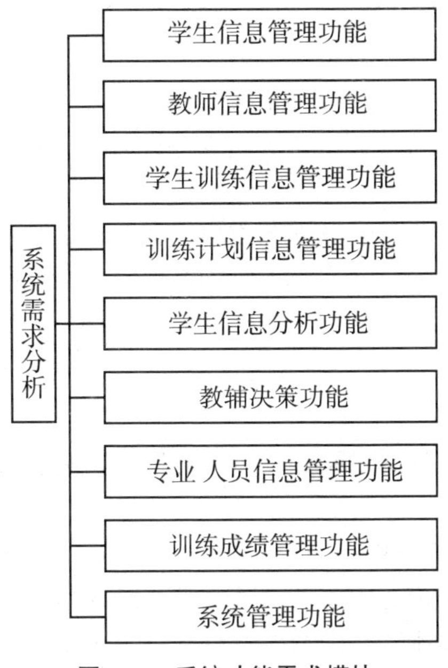

图 6-1　系统功能需求模块

制定出符合学生训练情况的训练大纲。因此，需要建立一个科学合理的艺术体操训练指导系统，同时能够将指导的内容制定成培养方案和训练大纲，可以让更多的学生根据自身条件，选择适合自己的个性化艺术体操培养方案，进一步加强学生艺术体操训练效果，提高学生学习艺术体操的热情。

该系统采用 B/S 模式架构，根据不同类型用户的需求不同，对用户类型进行分类，将其分成学生、教师、艺术体操决策人员、艺术体操专家人员、系统管理人员等五类主要参与项目用户类型。学生可以通过本系统记录自身的身体素质条件数据，可依据自身条件获取适合个人的艺术体操训练安排方案，推荐适合学生自身条件的艺术体操训练指导方案，帮助其发现在训练中存在的问题，并针对问题提出合理的解决方案，使其在训练中可以不断提升自己。艺术体操教师能够根据系统了解学生的身体素质特征以及训练的基本情况，适当地调整培养方案，更好地指导学生进行艺术体操训练。艺术体操训练大纲决策人员可以根据学生训练情况以及教师制定的培养方案，规划制定更加符合学生训练状况和指导状况的艺术体操训练大纲。决策人员可以根据身体素质模型和体操训练模型，针对现有的分析数据，制定新的艺术体操训练安排。根据不同用户参与的主要功能不同，可以对整个系统需求根据用户角色进行划分。其中，将整个用户信息进行细分，分成九个主要功能进行需求分析，这九个模块分别是学生信息管理功能、教师信息管理功能、学生训练信息管理功能、训练计划信息管理功能、学生信息分析功能、教辅决策功能、专业人员信息管理功能、训练成绩管理功能、系统管理功能等，见图 6-1。采用分模块叙述的方式能够更加准确地描述整个系统的需求，从而进一步对系统需求进行详细分析，掌握系统实际需求问题。

整个系统根据学生信息建立艺术体操训练学生的相关数据库，可以保存学生的相关身体素质信息和基本的训练情况。在此基础上，系统提供相关的身体素质和训练情况的分析功能，能够根据分析数据提供学生个性化的训练计划安排。

二、艺术体操训练指导系统用户类型分析

在本系统中，主要涉及六种系统用户，分别是艺术体操决策人员、艺术体操专家人员、教师、学生和系统管理员，如图 6-2 所示。这六种不同用户所具有的操作权限，所参与的业务内容也不相同。

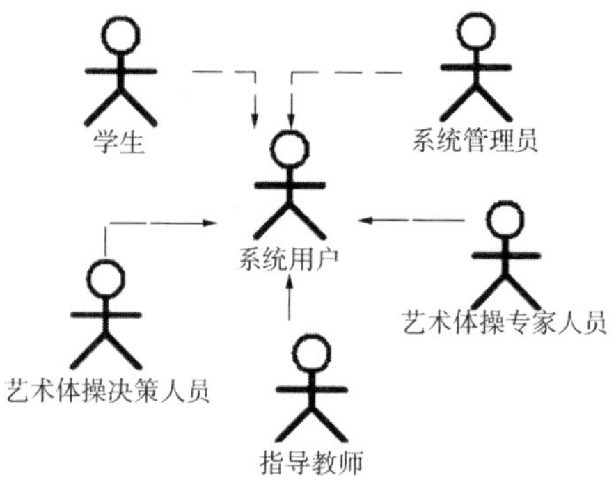

图 6-2　不同权限系统用户

其中，系统管理员不参与艺术体操训练的指导工作，其主要任务是对系统用户进行管理。并主要检测系统中各种资源使用情况、系统存在风险统计监测和系统漏洞的完善，系统测试人员主要完成对于系统中提供的各项功能的测试，对于测试时系统中发现的漏洞提交给系统管理人员进行相应的处理，但其所涉及的数据均为测试数据，不会访问系统中各用户的数据，可保证数据的安全。

艺术体操决策人员可以通过系统功能，查看学生在艺术体操训练整体的表现情况以及判断参与艺术体操训练指导的教师按照训练指导大纲对培养方案的制定与修改情况，通过分析学生身体素质测试曲线以及艺术体操训练发展曲线，充分把握当前艺术体操训练的发展动态，并依据分析的结

果，为制定或修改艺术体操训练指导大纲提供更好的决策依据。

对于不同的用户权限根据系统的主要功能需求，从系统功能模块的角度建立整个系统的功能用例图，如图6-3所示，说明系统的不同用户主要参与的不同功能模块。在进行系统的权限控制中，可以针对不同的用户允许其访问相应功能模块下的部分功能，保证系统数据和系统操作流程的一致性。

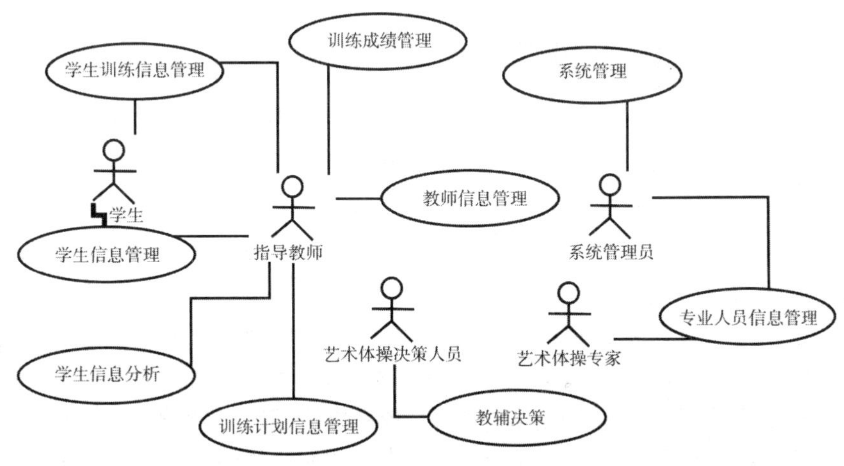

图6-3 系统功能用例图

教师主要参与安排训练计划、观察学生的训练情况等主要功能中。参与艺术体操训练指导的教师，能够对学生填写的基本信息进行审核，由于学生人数较多，系统能够提供批量审核功能。可以在系统中管理学生训练中测试数据，并提供基本方法，能够评价学生训练情况。通过查看学生身体素质和艺术体操训练情况，统计并分析学生艺术体操训练的整体情况。把握学生整体训练情况，并结合艺术体操训练指导大纲，实时调整训练内容和训练环节，改变训练策略，制定合理的训练强度，修改相应的艺术体操训练培养方案，从而使得艺术体操的训练按照训练安排的要求稳步前进。

对于学生用户，在完善自身身体素质数据的同时，可以看到自身身体素质指标体系的测量结果以及艺术体操训练得分。通过对于历史测试数据及艺术体操训练得分对比，参照训练中各项指标的变化情况，生成个人专属的艺术体操训练指导方案，进而按照指导方案的要求不断提升自身技能。

艺术体操专家、专业人员主要参与针对体操训练学生在一段时间内的训练情况，通过比赛等评分方式，对学生的整体水平进行判断，更加客观地在一定程度上反映学生的训练水平和一段时间内的进步情况，从而判断个性化的训练方法是否从一定程度上提升了学生的艺术体操训练水平，并将实际判断结果返回给学生和教师，为下一步训练计划的制定提供理论依据和建议。

三、艺术体操训练指导系统各类用户需求分析

（一）艺术体操训练指导系统功能模块分析

本系统中涉及功能较多，可以采用分模块的方式描述具体的功能需求，并且寻找各个功能之间存在比较大的关联性。

根据艺术体操决策人员、艺术体操专家人员、教师、学生和系统管理员这几类用户特征，针对其需求进行概括分析并进行总结。若用户是系统管理员，则其可以管理访问系统用户，查看系统资源使用情况，查看系统漏洞情况。若用户是学生类型，则可以完善个人信息，查看身体素质和艺术体操训练各项指标测试结果，查看艺术体操训练评分及其历史发展曲线，查看艺术体操训练各项指标要求，查看学生艺术体操训练个人指导方案。若用户是教师类型，则可以录入学生身体素质测试和艺术体操各项指标测试数据，统计学生艺术体操训练评价得分，查看艺术体操评价得分及其各项指标的历史数据和发展曲线，完善学生个人训练方案。若用户是艺术体操决策人员，则查看学生身体素质情况和艺术体操训练情况，查看教师艺术体操训练培养方案的制定和修改情况，制定艺术体操训练大纲等。图 6-4 描述的系统需求并不说明系统的所有功能需求。

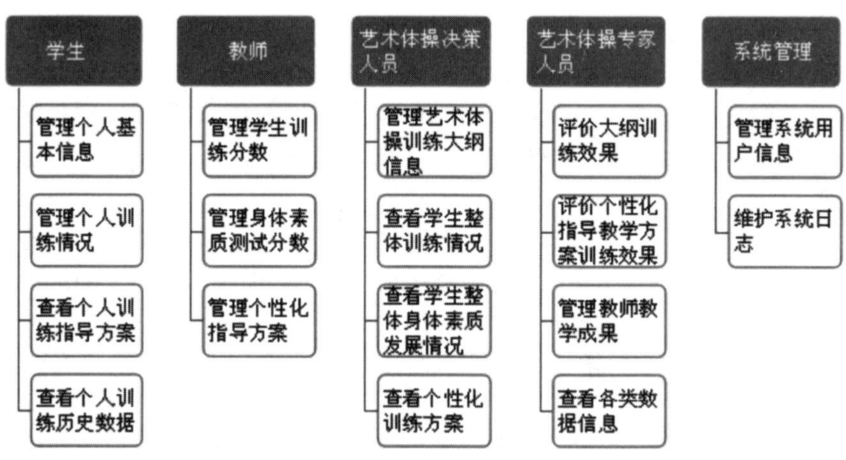

图 6-4　系统功能需求模块

（二）学生用户功能需求分析

按照系统用户的权限角色对系统功能需求进行细分，分别针对不同的用户采用多种方法进行系统需求分析。下面主要采用用例图的方式，从不同系统用户角度描述系统的基本需求。

作为学生系统用户来说，学生主要参与完成的系统功能需求有个人基本信息维护，查看身体素质指标测试结果以及历史测试数据及其发展曲线，查看艺术体操训练测试结果以及历史测试数据及其发展曲线，查看各项指标发展曲线，生成并可导出个人艺术体操训练指导方案等，如图 6-5 所示。其中，在维护个人基本信息功能需求中，包括新增个人基本信息、修改个人基本信息等基本功能；管理个人训练情况信息功能需求中，包括新增个人训练信息和修改个人训练等基本功能；在查看训练指导方案模块中，学生可以根据现有的训练指导方案提出相应反馈问题与意见，协助指导教师能够根据现有的数据以及其学生训练自身感觉制定或改进相应的训练方案，这样的方法能够更好、更加全面地结合教师和学生双方意见应用于训练中，提高艺术体操训练效果。

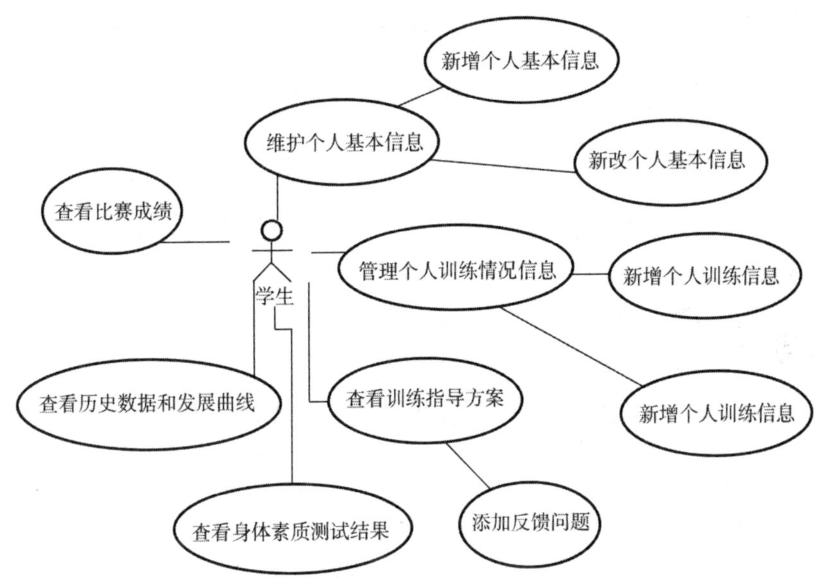

图 6-5　学生用户功能用例图

其中，以学生用户维护个人基本信息需求为例进行分析，采用活动图对该用例需求进行描述，如图 6-6 所示。学生用户登录到本系统中，通过访问权限验证，可以进入其操作界面进行操作。若该学生是第一次登入系统，则需要新建一个个人基本信息表，该名学生能够通过填写表单操作，完成个人信息添加功能，经过保存后，该信息会添加到数据库中，然而该个人信息并不能即时生效，需要具有审核权限的教师经过审核采用正式有效；若该学生不是第一次登入该系统，学生点击自身信息维护，即可看到自身属性信息（如姓名、年龄等），对于自身属性信息中存在空白或错误的信息，点击修改，完成对于自身属性信息内容的完善，提交修改的信息，将学生个人信息保存为未审核，教师在看到学生修改之后的信息，对其进行审核，对于大量的未审核信息，教师可以进行批量审核。

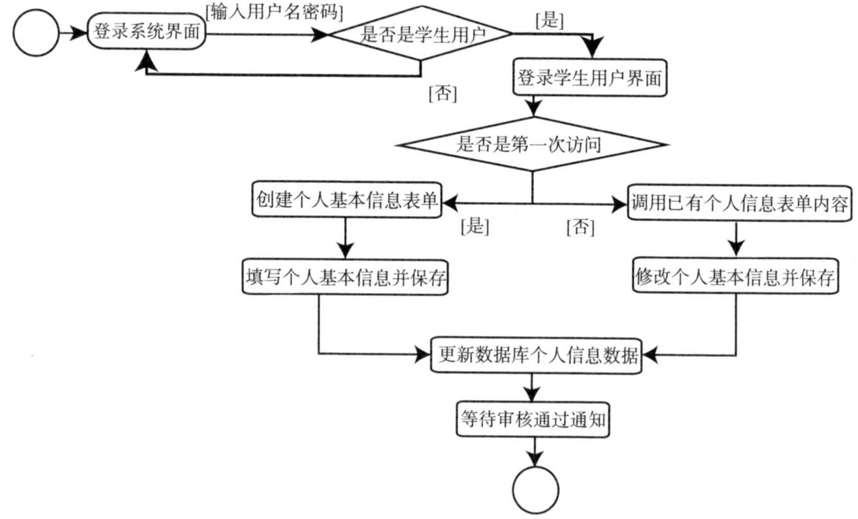

图 6-6　学生用户维护个人基本信息功能需求活动图

以用户为学生用户维护个人基本信息需求为例，其他功能需求的方法与此相同，对每个学生用户用例需求进行分析，获取学生用户真实的需求，并在过程中对系统数据需求进行分析总结。

（三）教师用户功能需求分析

教师用户主要参与的功能有审核学生提交的个人信息并完善内容，管理学生身体素质测试各项指标参数，管理学生艺术体操训练参数，对各项指标的完成情况录入主观评价值，计算学生艺术体操训练得分，查看学生艺术体操训练得分及其训练发展曲线，查看学生整体训练情况以及各项指标整体发展曲线，查看、审核、调整学生个人艺术体操培养方案，查看艺术体操训练大纲，依据整体训练情况制定和修改艺术体操培养计划等，如图 6-7 所示。

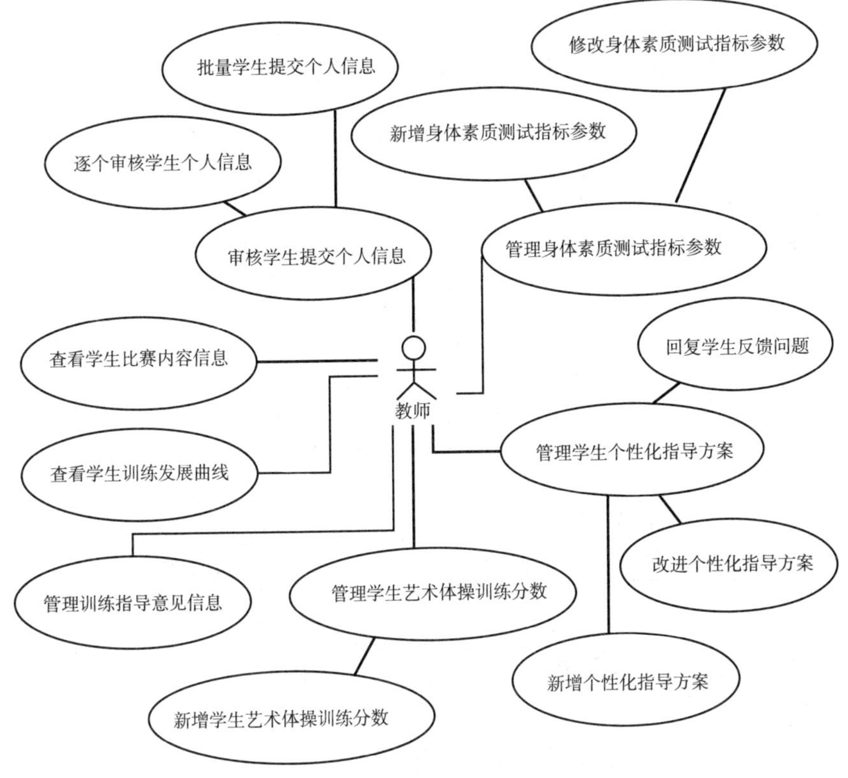

图 6-7　教师用户功能用例图

其中，在审批学生提交个人信息功能中，主要包含两种审批方法，一是根据学生提交的基本信息进行审核；二是当提交学生信息较多时，可以采用批量处理的方法，在短时间内审核通过大量学生信息。在管理身体素质测试指标参数功能需求中，主要包括新增身体素质测试指标参数和修改身体素质测试指标参数功能需求。管理学生个性化指导方案主要包括新增个性化指导方案、改进个性化指导方案、回复学生反馈问题等功能需求。

在教师用户功能用例分析中，以新增学生身体素质成绩和艺术体操训练分数需求用例为例，教师登录系统后看到所有参加艺术体操训练学生的列表，选择某一同学信息后，系统会给出学生身体素质测试历史成绩曲线图以及艺术体操训练历史评分曲线图，分别点击曲线图中身体素质某项成绩，可以看到学生身体素质测试当中测试的各项指标的测试成绩。选查看曲线图中某一次艺术体操训练评分，可以看到学生各项训练指标的测试成绩。选择新增身体素质指标成绩和艺术体操训练各项指标成绩，对学生各项动作完成情况主观评分，保存学生指标信息，系统计算出其艺术体操训练得分，将其结果保存到数据库中，并推送给学生可供其查看，并可以留有建议和指导方案，如图 6-8 所示。

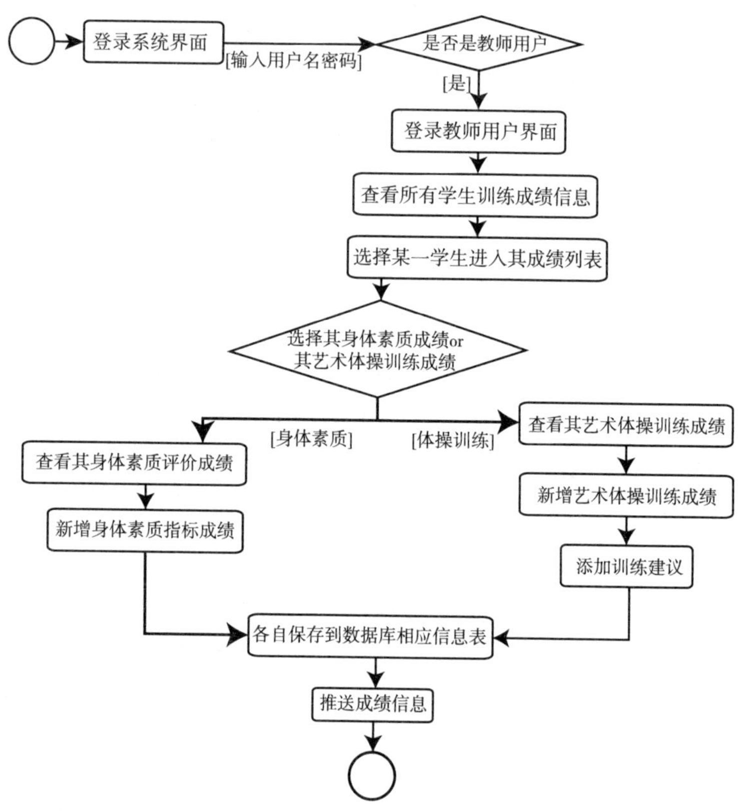

图 6-8　教师用户添加学生相关成绩功能需求活动图

教师可以按一定的时间修改并改进学生训练方案，其中主要包括根据前期数据的训练分析数据，生成其艺术体操训练中各项动作的训练要求数据，从而制定训练方案。在教师完成对于学生身体素质各项指标测试数据的录入之后，选择生成艺术体操训练方案功能，会得到其艺术体操训练当中各项指标的要求值。学生在获得个人身体素质情况和艺术体操训练情况之后，依据教师训练培养方案的要求，对比实际训练情况和训练要求，结合各项指标的完成情况和权值进行排序生成个人培养方案。教师可以再次查看根据测试分数自动生成的学生个人训练方案，并对于不合理的地方进行相应的修改并审核通过，学生可以按照该训练方案进行训练并可以以文件的形式导出，该过程描述如图 6-9 所示。由于本系统涉及大量的学生各项指标数据，应该提供数据的输入输出接口完成数据交互相关的工作。可以从学校的体育教学部门对于学生的体能测试系统中提供的对外接口提供给本训练指导系统，同时，可以通过导入的方式将相关测试的数据导入系统当中。

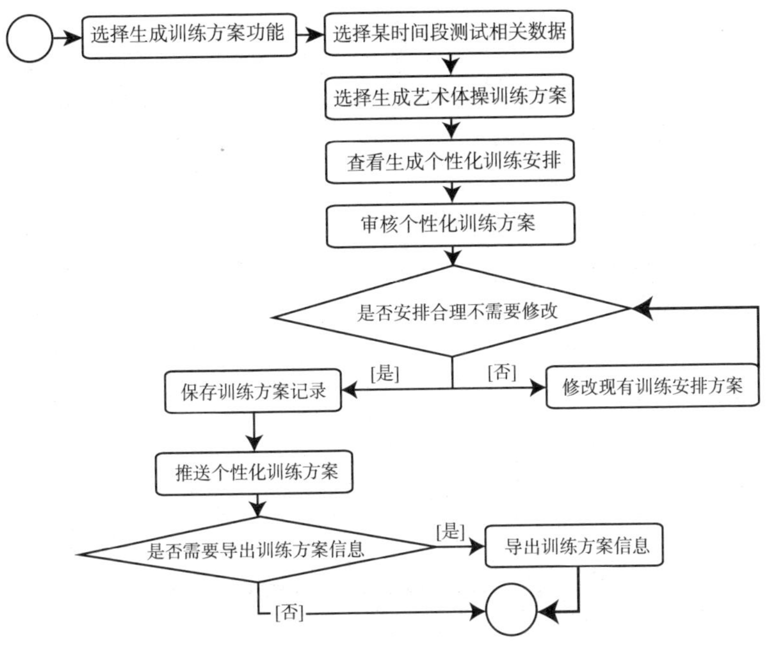

图 6-9　教师用户生成学生训练方案功能需求活动图

（四）艺术体操决策人员用户功能需求分析

艺术体操决策人员用户主要根据现有的数据，进行艺术体操训练总体发展方向的决策工作。艺术体操决策人员用户其主要参与的功能包括查看学生整体身体素质情况，查看学生身体素质发展曲线、艺术体操训练发展曲线以及各项训练指标的发展曲线，查看并审核教师制定和修改的艺术体操培养计划，依据学生整体身体素质和艺术体操训练情况以及教师对于培养计划的制定和修改情况制定艺术体操训练大纲等，如图 6-10 所示。

艺术体操决策人员用户主要描述一个角色，根据现有的学生艺术体操训练的相关数据分析，现有的评分方法，采用多种图例的方式反映数据分析结果，将根据结果提出是否需要针对现有的教学大纲进行修改，改进教学大纲中的训练内容和训练量。艺术体操决策人员用户需要获取多种数据的分析结果，并对这些数据结果具有审核权限，及时发现教师在教学中的问题，从而进一步改善教学质量，提高艺术体操训练效果。

以其中一个用例功能为例来说明艺术体操决策人员用户其主要的功能

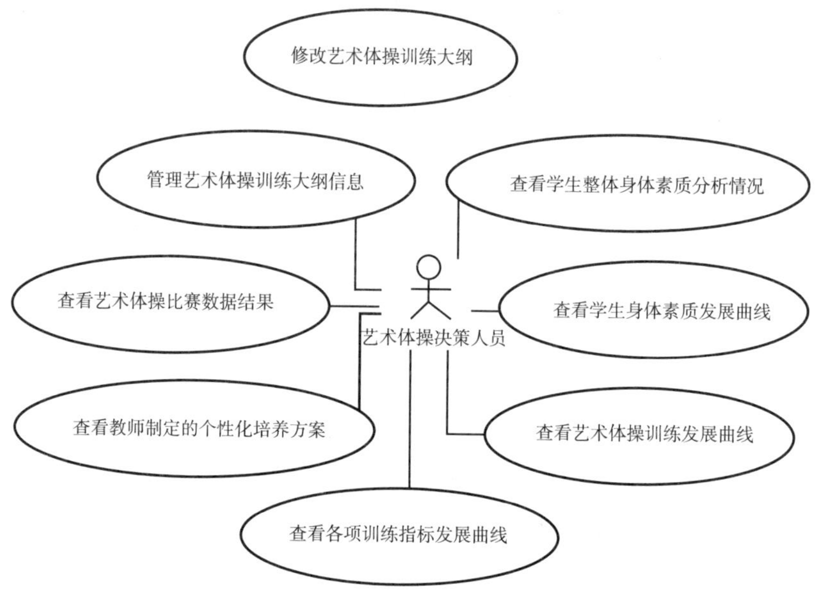

图 6-10　艺术体操决策人员用户功能用例图

需求。在管理艺术体操训练大纲信息功能中，如果系统属于初始化阶段，则需要首先根据经验，建议一个较为合理的艺术体操训练大纲；反之，则需要根据现有的数据内容分析，是否需要对艺术体操训练大纲进行修改，使之能够更好地适应于艺术体操训练的发展。进行现有数据分析的过程中，作为决策人角度，艺术体操决策人员用户往往不需要针对单个学生判断其身体素质是否校核和其训练安排是否合适，而是针对多数学生群体判断其艺术体操训练大纲是否需要修改。考虑到个人化差异原因，这对于所有的学生采用一个训练大纲实际上并不合适，因此将对学生进行简单分类，使其采用不同的艺术体操训练大纲，这样的做法更加合适。在建立或改进艺术体操训练大纲，提供给该用户现有的分析数据，并采用可视化的方法提供给艺术体操决策人员用户身体素质测试曲线图和艺术体操训练测试曲线图，如图 6-11 所示。身体素质测试曲线图是通过建立统一标准将学生的身体素质测试项目及其各项测试指标数据使用曲线图的方式展示出来，在单个学生身体素质展示的基础上，可以查看学生整体的身体素质测试情况，通过对学生整体身体素质的把握，对于制定艺术体操训练要求有很好的指导意义。艺术体操训练测试曲线图是通过建立统一标准将学生艺术体操训练当中各项训练项目和相应的测试数据使用曲线图的方式展示出来，在单个学生艺术体操训练情况展示的基础上，可以查看学生整体的艺术体操训练情况，通过对学生整体训练情况的把握，对于制定艺术体操训练培养方案和训练大纲提供很好的决策支持。

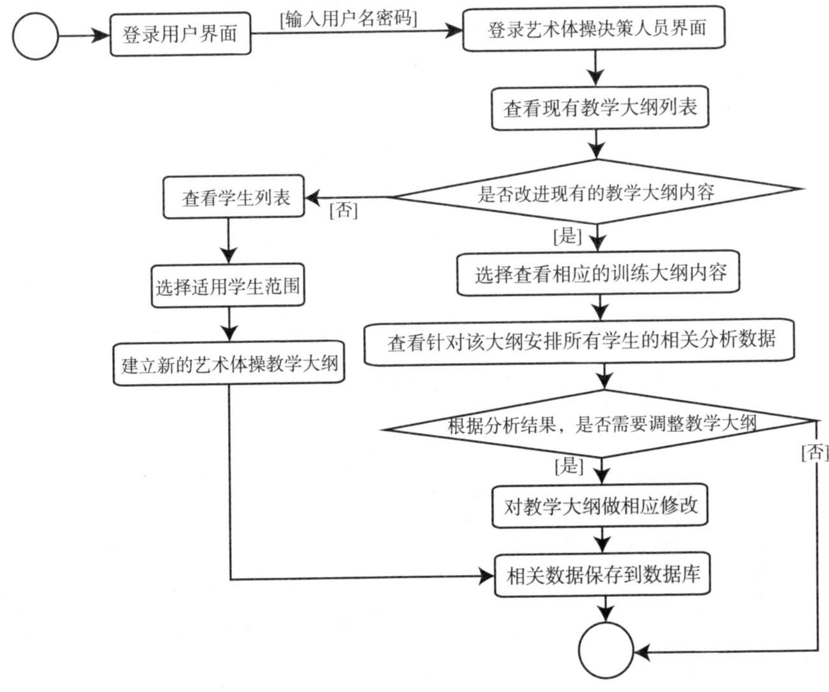

图 6-11　艺术体操决策人员用户管理艺术体操训练大纲信息需求活动图

（五）艺术体操专家用户功能需求分析

艺术体操专家需要完成在一段时间段内，对学生艺术体操的训练情况进行了解，其中包括整体训练水平和个人训练水平。根据给出的学生艺术体操测试的分数，与平时训练的分数进行对比，确定训练的分数是否真实反映学生的艺术体操水平，对教练员的工作有所监督。其主要参与的系统功能包括管理学生艺术体操测试或比赛数据，查询学生个人艺术体操训练情况，查询学生群体艺术体操平均训练情况，通过历史数据比对给出大纲改进的客观效果评价，给出个性化训练方案改进的客观效果评价，管理教师的教学成果。其功能用例分析如图 6-12 所示。

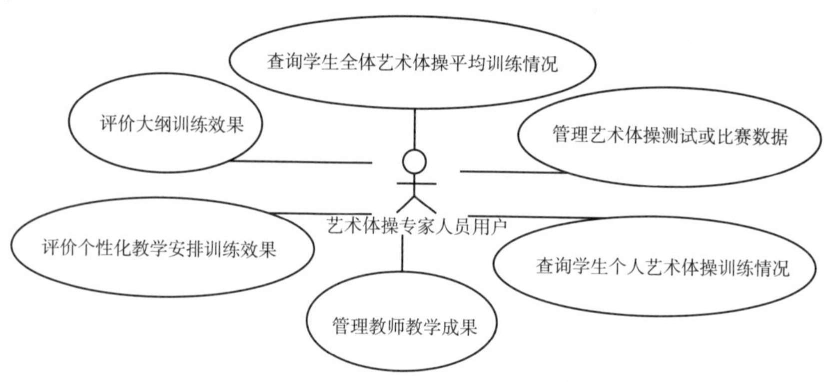

图 6-12　艺术体操专家用户功能用例图

四、艺术体操训练指导系统类图建模分析

在系统详细设计前，根据系统需求分析的内容，总结出系统主要实现的功能，并针对这些功能设计相应的面向对象的类，在此基础上进一步采用类图完成整体软件功能设计。

针对现有的需求分析内容，提取几个主要的功能类来说明，具体如下。

审核信息类主要用于实现对于学生进行完善之后的个人信息进行审核，并对于内容正确、符合学生真实条件的学生信息审核通过。

数据管理类主要是提供学生身体素质和艺术体操训练历史数据导入系统中，并将学生个人身体素质和艺术体操训练情况、学生整体身体素质和艺术体操训练情况分析数据，通过报表以及其他方式导出。

数据库类为了考虑系统的安全性以及系统数据的高效维护，所有涉及数据库的操作均要通过该类来完成。该类主要完成数据库的连接，数据查询、数据添加、数据修改、数据删除以及数据统计。

获取指标类完成针对学生在身体素质方面存在的差异性，对其艺术体操训练中各项指标提出不同的要求标准，即根据自身身体素质的情况，相对于各项指标的基准值，要求其完成相应的动作规范。

学生评分类主要用于教师在录入学生身体素质测试数据以及艺术体操训练测试数据时，既要对学生在训练中各项训练数据进行录入，同时又要对学生完成的某些动作进行评价（例如动作完成是否优美等主观因素），在教师进入录入成绩页面时，页面会自动按照学生姓氏进行排序，并对学生信息的审核提供批量操作。

计算分数类主要是通过实现学生对于艺术体操训练当中各项指标的完成情况说明，结合指标的权值以及教师主观评价分数，对学生艺术体操训练情况进行评价，给出评价结果。

绘制曲线类对学生的身体素质测试历史数据以及艺术体操训练测试历史数据通过 Fusion Charts 绘制曲线图，在该类型的曲线图中，标尺是按照各项指标测试标尺进行，对于不同用户角色在图形中展示数据量的大小，会在图形绘制之前根据用户展示数据的数量进行相应的分页处理，保证数据正常、完整地显示。

本类图系统涉及的类比较多，因此在本节中，主要给出在需求分析阶段的主要分析类的类图，该类图在设计阶段还需要细化为相应的设计类，在实现阶段还需要转化为相应的实现类。本类图中的数据管理类与绘制曲线类、计算分数类、获取指标类、审核信息类都具有一对多的关系，数据管理可以调用多个绘制曲线类、计算分数类、获取指标类、审核信息类用以详细地描述对于学生信息审核、学生身体素质测试结果、学生艺术体操训练要求、学生艺术体操训练结果的分析。学生评分类与计算分数类存在多对一的关系，在教师对学生各项指标测试情况评分时，这些学生的各项指标测试评分会调用计算分数类对其本次艺术体操训练情况进行计算、分析，从而描述学生在本次艺术体操训练当中的训练情况，并依据指标评分发展曲线，对学生进行艺术体操训练提供指导。数据管理类与数据库类之间是一对一的关系，在系统中数据管理与数据库的结构之间是一对一的关系。

五、艺术体操训练指导系统的特性要求

教师在指导学生进行艺术体操训练的过程中，由于师资、时间、各个学生存在身体素质的差异性，使得统一的艺术体操训练指导方案不能满足具有不同身体素质条件的学生的训练计划和要求，使学生在训练中不能较好地完成训练任务，训练效果不佳，不能获得更好的指导。教师对于学生身体素质和艺术体操训练情况的不了解，使得制定的训练培养方案和训练大纲不符合实际情况，对学生艺术体操训练的指导效果甚微。因此，为能够对不同的同学提供个性化的艺术体操训练指导，应该设计一个合理的系统软件，依照学生的身体素质条件来指导学生进行训练，同时能够针对学生艺术体操训练的情况，进一步指导学生进行训练。在此过程中涉及大量的数据分析和数据运算，因此需要合理对软件特征和性能方面进行需求分

析，本书主要从以下几个方面入手进行分析。

（1）确保网络安全性。由于本系统涉及学生的身体素质测试的结果以及学生艺术体操训练测试结果，这些都属于学生的个人信息，因此需要在一定程度上具有保密性。学生身体素质与艺术体操训练各项指标之间的映射关系，及其各项指标之间的影响和权值的分配都是体育教师和教研组的研究成果。这些数据存储在数据库中，借助于网络平台进行访问，要保证数据的安全性就需要确保网络安全性。

（2）保证系统安全性。对于系统用户，可以通过输入合法的账户口令进入系统中，按照其相应的权限级别访问相应的页面。同时对于具备更高权限的用户，其拥有系统中各项指标的测试数据的导入导出功能，数据包括学生身体素质指标数据和艺术体操训练指标数据，且可以查看学生和教师个人信息。所以对于高权限用户需要对其绑定信息，可以采用 IP 绑定和问题锁定提升系统的安全性。

（3）确保系统运行稳定性。在系统运行的过程中，不同的时段对于系统的访问量是不同的，所以系统能够保证在不同的访问量下都能对用户提供稳定的服务，提供系统的负载均衡处理策略，同时在系统运行过程中，会涉及暂时维护性断电或者服务器出现问题时，能够采取有效的措施，实现对于系统的无缝访问，所以需要在系统部署时，提供备用服务器，以应对宕机的情况。

（4）确保数据正确性与一致性。由于本文系统主要实现对于数据的各种操作，所以对于录入系统的数据进行有效性校验，使得进入系统的数据均为合法有效的数据。为了确保合法的数据进入系统之后，计算结果也是有效的数据，对数据计算的结果进行二次校验，保证进入数据中的计算结果也是正确有效的，采取这种策略在一定程度上保证系统中数据的正确性和一致性。

（5）确保数据库安全性。由于系统的访问数据均来自于数据库，其数据储层中主要问题包括从数据库中提取数据，数据的分析计算，数据的高速存储等。在整个过程中，数据库的容灾容错策略能够实现对于数据的实时维护和一致性检验，其安全性的策略如图 6-13 所示。

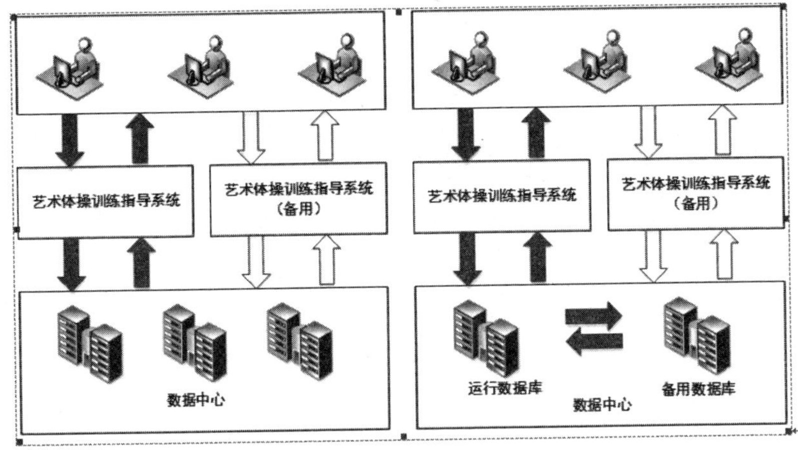

图 6-13　系统安全性策略设计图

第三节　艺术体操训练指导系统设计

艺术体操训练指导系统通过对学生身体素质各项指标的测试，反映出学生身体素质情况，再依据学生身体素质情况对其提出相应的艺术体操训练要求，再根据其训练情况进行进一步指导。系统设计的合理性直接关系艺术体操训练指导系统的运行效率及其应用价值，因此本节内容主要从系统的设计原则、系统总体模块设计、系统功能设计以及系统数据模型设计角度，分别阐述本系统的设计方法和实现机制。

一、艺术体操训练指导系统设计原则

本系统能够提供所有学生并发的访问服务，能够依据大量的身体素测试数据，计算并保存每一个学生艺术体操训练各项动作的训练要求。依据学生艺术体操训练结果对其提供艺术体操训练指导，并且支持艺术体操教师及艺术体操决策人员长期参与艺术体操训练科研跟踪研究的数据管理。因此，系统的设计必须包含可靠性、稳定性、开放性、高效性、先进性和可维护性，具体的设计原则如图 6-14 所示。

（1）可靠性：系统必须充分考虑随着访问人数不断扩大时它的性能问题。系统不但要保证在现有所有学生访问下可以无故障运行，而且能够在较长时间内保证系统可靠、稳定运行，以确保系统能够提供持续性、可靠的服务。

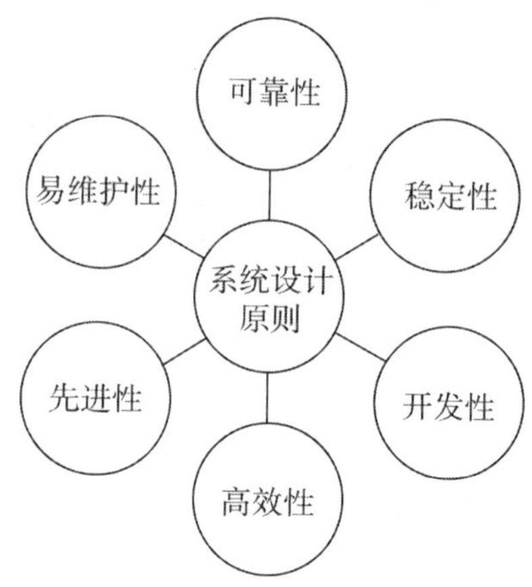

图 6-14　艺术体操训练指导系统设计原则

（2）稳定性：由于系统在运行的过程中，不同的时段对于系统的访问量是不同的，所以系统能够保证在不同的访问量下都能对用户提供稳定的服务，实现系统的负载均衡。同时对于系统运行中出现暂时维护性断电或者服务宕机问题，能够采取有效的措施，实现对于系统的无缝访问。所以需要在系统部署时提供备用服务器，以应对宕机的情况。

（3）开放性：本系统涉及大量的体能测试数据以及艺术体操训练数据的导入导出功能，因此必须具备规范化的外部访问接口，保证系统的开放性和安全性。

（4）高效性：本系统必须充分考虑各类用户在同时使用系统时，能够提供大量快速访问和处理数据的能力，保证系统在短时间内响应用户的相关操作，同时能够依据系统访问载荷动态调整系统资源，保证系统最高的性价比。

（5）先进性：本系统将依据学生身体素质数据生成学生训练方案指导学生进行训练，涉及大量的数据统计分析以及曲线绘制，而完成这些功能都需要计算机算法的支持，选择的算法实现必须有效、成熟、稳定，体现系统的先进性和适用性。

（6）可维护性：系统在部署之后，用于学生艺术体操训练，所以对于在使用过程中系统的各项性能能够进行有效完善。由于本系统在实现各类功能之后，还具有很大的性能和功能提升的空间，所以为了保证以后可以不断地改善系统功能，需要系统具有易扩展性，能够在现有的平台上进行二次开发，节约开发时间和开发成本。

二、艺术体操训练指导系统总体层次架构设计概述

艺术体操训练指导系统总体层次架构可以分成四层，分别是系统用户界面层、业务逻辑层、基本功能层、数据管理层，如图 6-15 所示。其中，系统用户界面层主要实现系统前台客户端基本界面设计；业务逻辑层从业务功能的角度出发需要设计并实现系统主要相关业务功能，如添加学生信息的基本业务功能；基本功能层是比业务逻辑层更低的一层，将业务功能的相关基本功能实现进行较为详细的划分，主要由多个基本功能组成；整个系统总体设计的最底层是数据管理层，其主要实现对系统中参与系统数据进行存储和管理功能。

图 6-15　艺术体操训练指导系统总体层次架构设计

系统的总体层次架构采用四层式的设计方法。用户界面层中，前台用户界面设计实现主要采用的技术有 html、Css、Ajax、javascript 等，其主要采用 web 项目的方式实现系统的基本功能，实现系统的用户界面，完成与用户之间的交互。该层主要的核心内容是实现系统与用户之间的交互，对于非计算机专业的用户来说，其实现主要是让用户能够很清楚地明白如何进行操作，也就是做到用户界面的友好性原则。业务逻辑层是整个系统功能实现的核心部分，对其采用多个模块完成相关业务逻辑设计，其中主要

包括的业务功能有学生信息相关业务功能、学生训练信息相关业务功能、教师信息相关业务功能、训练成果管理相关业务功能、训练细化信息相关业务功能、学生信息分析相关业务功能、教辅决策相关业务功能等。在业务功能上继续模块化细分，采用不同用户权限限制不同用户模块访问的方法，使得系统的可用性更高，防止因为操作上产生的错误，导致底层数据库中的错误数据。因此，其将基本功能进行封装，只需要根据不同的用户调用不同的功能即可。在基本功能层主要采用SSH技术进行基本系统的设计实现，也就是采用struts、spring、hibernate技术实现系统基本的功能，为业务逻辑层提供基本功能模块支持。该层是整个系统能够正确运行的基础，业务功能层的业务功能主要由基本功能层中的功能构成，基本功能层设计的合理性直接影响业务功能层的实现情况。若基本功能层设计混乱，则可能直接导致业务逻辑层的设计和实现过程中出现错误。最下层的数据管理层主要包含的技术内容有数据库和数据访问接口，其中数据库设计与实现是系统数据存储管理的基础，数据访问接口是实现数据库与系统之间交互的重要内容，需要设计合理的数据库表与相应的访问接口，为基本功能层的实现提供支持。

三、艺术体操训练指导系统功能架构设计思路

（一）艺术体操训练指导系统框架结构设计

基于学生身体素质的艺术体操训练指导系统功能需求较多，为了满足设计原则，因此在系统框架结构设计上采用较为复杂的方法。其中涉及学生体能测试数据以及学生信息数据等之间的交换和共享问题。

在设计系统服务端时，充分考虑保证其数据的安全性和准确性，因此采用多个数据库及其保存的服务器，将数据按照其类型特点进行分类，这样既保证数据的安全性，又保证数据访问的可靠性、高效性。图6-16用来描述艺术体操训练指导系统的框架设计图。其中，图6-16（a）描述服务器端框架设计，采用多个数据库存储数据，主要包括学生体能测试数据库、学生信息数据库以及艺术体操训练指导系统数据库，并将这三个数据库信息分别存储在三个服务器中，减小数据访问压力的同时，增加数据信息存储的安全性。提供学生测试数据的服务器、提供学生信息的服务器、内部网络防火墙、艺术体操训练指导系统逻辑服务器、艺术体操训练指导服务器等。图6-16（b）描述Web服务器访问端设计，艺术体操训练指导系统与Web服务器交换数据，再由Web服务器通过网络和相关用户交

互数据信息，从而实现整个艺术体操训练指导系统的相关功能。

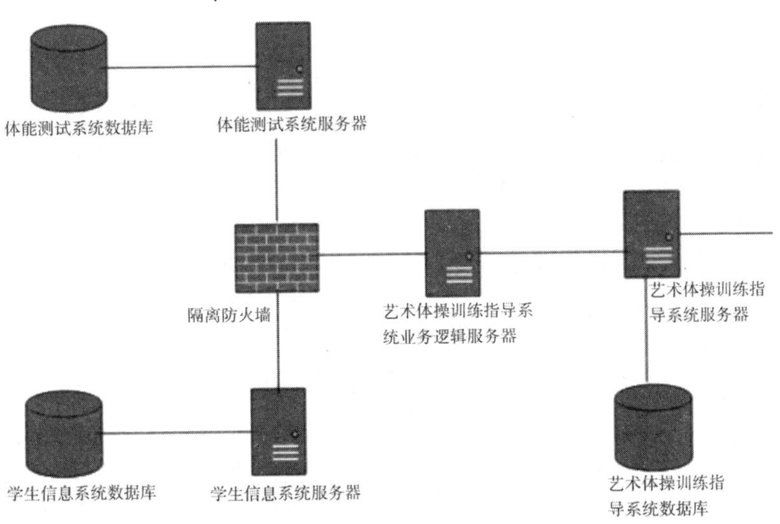

（a）服务器端框架设计

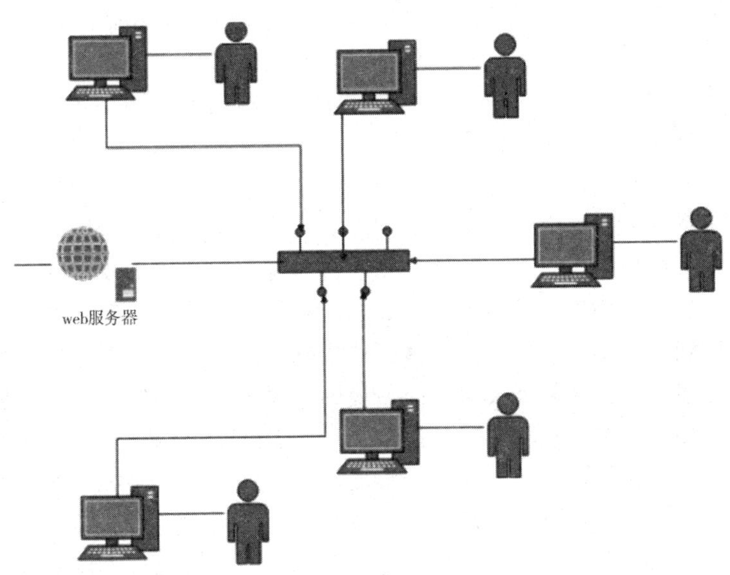

（b）Web 服务器访问端设计

图 6-16　艺术体操训练指导系统框架设计图

由于考虑到学生信息服务器和学生体能测试服务器中含有大量涉及学生信息的内容，艺术体操训练指导系统中涉及的数据量较多，为能够更好地运行系统，在以太网和艺术体操训练指导系统服务器之间加上了 Web

服务器，专门完成 Web 端数据的访问，将艺术体操训练指导服务器作为后台独立的运行单位，为用户的 Web 请求发送服务。艺术体操训练指导系统的业务逻辑系统复杂，主要通过获取学生的体能数据，计算出相应的艺术体操训练计划要求，所以在近数据端加上艺术体操训练指导系统逻辑服务器，专门完成数据的计算任务；而后端的艺术体操训练指导服务器，主要完成简单的校验任务和数据存储任务，从而进一步提升系统运行效率。

（二）艺术体操训练指导系统总体功能设计

在艺术体操训练指导系统框架设计的基础上，完成整个系统的详细功能设计工作。在前文的需求分析中提到系统采用分模块的设计思路，可以用这个系统细分成多个模块后再进行详细设计工作。

图 6-17 描述艺术体操训练指导系统总体功能设计思路，其主要功能模块有学生信息管理功能模块、教师信息管理功能模块、学生训练信息管理功能模块、训练计划管理功能模块、学生信息分析功能模块、教辅决策功能模块、专业人员信息管理功能模块、训练比赛成绩管理功能模块、系统管理功能模块。在系统详细设计过程中，针对这些模块进行进一步的功能分析，细化其功能设计。在学生信息管理功能模块中主要包括设计的功能有增加学生个人基本信息、修改学生个人基本信息、删除学生个人基本信息、查找学生个人基本信息等。在教师信息管理功能模块中主要设计的功能增加教师个人信息、修改教师个人信息、查询教师个人信息、审核学生个人信息等。在训练计划信息管理功能模块中主要包括设计的功能有安排生成训练计划安排、修改训练计划安排、查询训练计划安排等。在学生信息分析功能模块中主要包括设计的功能有建立身体素质测试模型、建立体操训练测试模型、生成各项身体素质指标数据曲线图、生成身体数值测试数据曲线图等。在教辅决策功能模块中主要包括设计的功能有生成学生分组、增加艺术体操教学大纲、修改艺术体操教学大纲、学生训练情况评价、教师教学成果评价等。在专业人员信心管理功能模块中主要包括设计的功能有添加决策人员基本信息、修改决策人员基本信息、添加专家人员基本信息、修改专家人员基本信息等。在训练比赛成绩管理功能模块中主要包括设计的功能有训练比赛成绩信息、修改比赛训练成绩信息等。在系统管理功能模块中主要包括设计的功能，有日志管理和系统用户权限管理功能等。

用户通过正确的账户和口令登录系统，根据不同权限用户类型，跳转到其对应的页面中。学生信息管理功能模块和学生训练信息管理功能模块

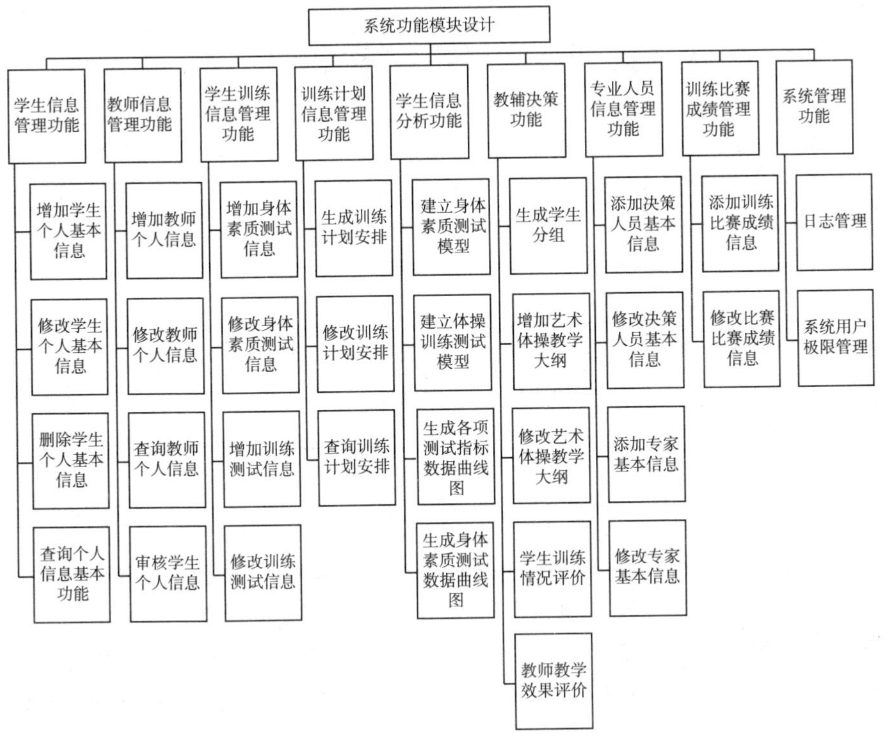

图 6-17　艺术体操训练指导系统总体功能设计

提供给学生用来完善自身信息，查看其身体素质测试和艺术体操训练测试情况以及查看个人艺术体操训练培养方案。教师基本信息模块和训练计划信息管理功能模块提供给教师，用来完成对于学生个人信息的审核，录入学生各项指标测试数据，查看学生身体素质状况以及艺术体操训练状况，并能够结合这些信息修改并生成学生艺术体操训练培养方案。教辅决策模块提供给教辅决策人员使用，通过查看学生身体素质情况和艺术体操训练情况，结合教师艺术体操训练培养方案生成艺术体操训练指导大纲。系统管理模块提供给系统管理员使用，用来维护用户权限信息。

对于系统来说，还有很多辅助功能需要继续更加细节化的设计，在本文中针对主要功能设计进行说明，辅助功能不做过多赘述。完成系统的基本功能模块的设计后，需要针对主要功能点进行进一步的细节设计，其中包括程序实现类图设计，系统操作流程设计，相关数据库数据表设计内容等，将在下面各节中进行较为详细的说明。

四、艺术体操训练指导系统各业务模块功能设计

在本系统中，系统使用用户主要分为五类，分别为艺术体操决策人员、艺术体操专家人员、教师、学生和系统管理员，这五类用户所具有的操作权限以及操作内容均不一样。主要参与系统功能业务处理的用户有艺术体操决策人员、艺术体操专家人员、教师、学生。因此，从这几类用户的角度对系统功能的详细说明进行介绍。本系统考虑到在艺术体操训练过程中，教师对于学生基本情况较为了解，对其训练情况的把握也较为全面，主要由教师完成对学生训练情况的审核以及数据录入等工作，教辅决策人员完成训练大纲的制定工作，学生完成指标测试和训练任务。

（一）学生用户业务功能模块设计

对于艺术体操训练学生通过访问系统，完善个人信息后，查看个人身体素质和艺术体操训练各项指标得分及其历史曲线，查看个人艺术体操训练得分和艺术体操训练各项指标要求，生成个人训练方案并将方案提交给教师修改审核，在审核通过后，可以按照该训练方案进行下一步的艺术体操训练，如图 6-18 所示。

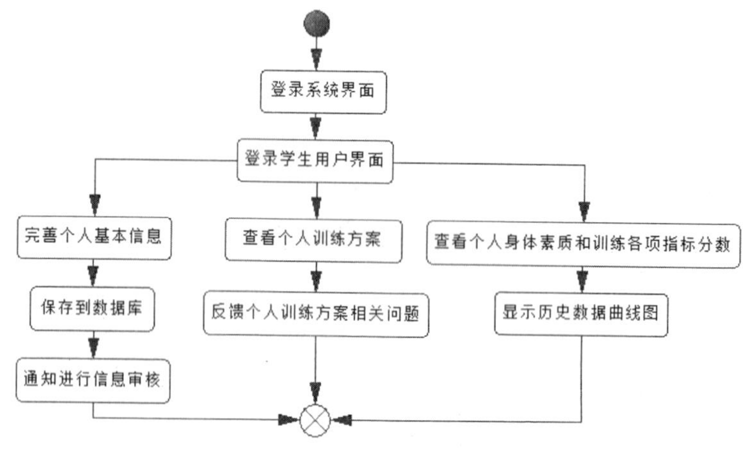

图 6-18　学生用户主要业务流程功能设计

学生艺术体操训练模块是系统最为核心的模块，主要完成学生个人信息完善、各项指标数据的分析以及艺术体操训练指导方案的生成等功能。为了保证本系统中各项数据的真实有效性，首先需要对访问系统的学生个人信息进行有效的验证，学生在正确登录系统后，需根据学生个人信息审

核状态对其进行相应的提示，对于没有完善个人信息且审核未通过的学生，系统自动跳转个人信息完善页面，同时该用户页面中其他功能对于审核未通过的用户显示无效，并提示完善个人信息。在个人信息审核通过之后，跳转至学生艺术体操训练页面，学生可以看到其各项指标录入情况以及艺术体操训练评价情况，进而访问相应的各项功能，显示学生身体素质各项指标数据录入之后，学生可以查看本次体能测试数据及历史测试数据，选择生成艺术体操训练要求功能后，系统会自动依照学生各项身体指标数据生成对应的艺术体操训练要求。显示学生艺术体操指标数据录入及评价结果后，学生可以查看本次训练情况及相应历史测试数据。选择生成艺术体操个人训练方案之后，系统依据训练程度和训练要求，形成报表提交教师审核，在完成审核之后，学生可以导出艺术体操个人训练方案，依照训练方案指导其进行各项训练。

在主要业务流程设计的基础上进行相关业务设计，设计内容如图 6-19 所示。在学生用户业务流程设计中主要涉及的类可以设计为学生类（Student）、身体素质分数类（Body Score）、训练分数类（Score）。由于系统中多数数据需要及时存储到数据库中或更新数据库数据，因此这三个类分别对应三个派生于数据库连接类（Oracle DB）的数据库连接类，分别是 StudentDao 类、BodyScoreDao 类、TrainScoreDao 类。在 Student 类中主要属性包括姓名、生日、电话号码、性别、电子邮件等，其主要方法包括添加学生基本信息、添加身体素质分数、添加训练分数等相关函数。Student 中的类并不能直接实现与数据库的交互，因此在 StudentDao 类中包括在数据库中添加学生基本信息、修改学生基本信息、删除学生基本信息等功能，实现数据库数据的访问功能。在 BodyScore 类中，主要属性有身体因素分数、柔韧力量性分数、速度敏捷性分数；其实现方法包括添加身体素质分数、修改身体素质分数、删除身体素质分数功能，与前面描述相同，采用 BodyScoreDao 类实现与数据库的数据交换。在 TrainScore 类中包括的属性有艺术体操单项项目与其相应的分数，主要包括的方法就是添加训练分数、查找训练分数等功能方法，采用 TrainScoreDao 实现 TrainScore 中的功能保证在数据库端的操作。其中类 OracleDB 与类 StudentDao，类 BodyScoreDao，类 TrainScoreDao 之间的关系属于依赖关系，类 StudentDao，类 BodyScoreDao，类 TrainScoreDao 与类 Student，类 BodyScore，类 TrainScore 分别属于依赖关系，表示使用该类时，需要另外一个对应类相关实现。

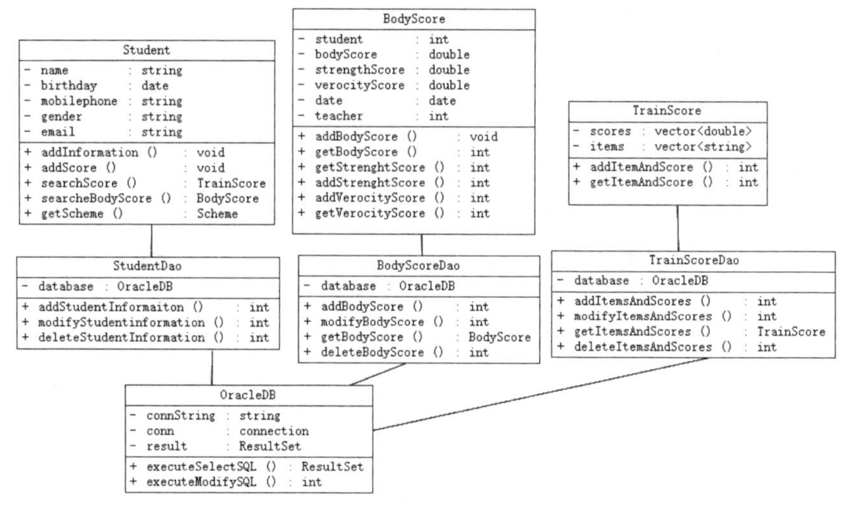

图 6-19 学生用户功能业务相关类图设计

在学生主要业务流程设计的基础上进行相关类图设计，使用户系统参与实现的系统功能更加清晰，为下一步编码实现相关系统功能打下基础。

（二）教师用户业务功能模块设计

艺术体操训练教师登录系统后，首先查看现有通知信息，是否需要完成学生信息审核。在此之后，对学生身体素质和艺术体操训练各项指标录入数据，并结合学生表现对其训练情况进行评价。通过对艺术体操训练的学生身体素质情况和艺术体操训练情况的全面了解，基于学生各项指标测试数据和训练结果，依照艺术体操训练大纲制定进行修改艺术体操训练培养方案并提交审核，在审核通过后应用新的艺术体操训练培养方案，进而更好地指导艺术体操训练学生平时的训练，逐渐实现训练大纲中要求的目标，如图 6-20 所示。

教师指导对于学生艺术体操训练有着重要作用，依据学生身体素质情况及其艺术体操训练表现，评价学生训练效果并指导学生提高训练水平。教师使用正确账号口令登录系统后，系统会自动读取学生完成个人信息维护后提交审核的学生信息，教师可以查看学生个人信息，并完成对信息的审核。在大量学生信息需要审核的情况下，系统提供批量审核功能，快速地完成学生信息的审核任务。接着，教师可以选择录入学生体能素质各项指标测试数据功能，并可以对学生身体素质各项指标进行查看，并能够显示出学生身体素质发展曲线图。教师可以选择学生完成艺术体操训练后，

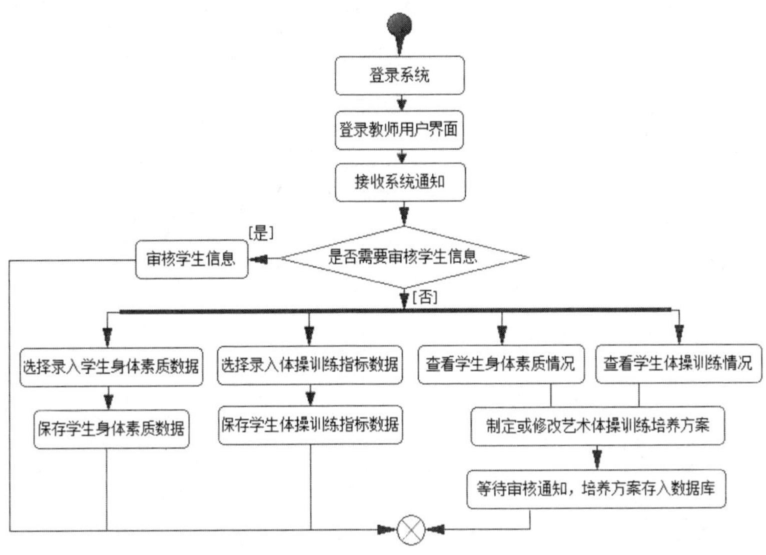

图 6-20　教师用户主要业务流程功能设计

录入学生艺术体操训练各项指标的测试数据，依据学生各项动作完成的情况，对其进行主观评价，点击学生成绩批量计算，从而生成学生艺术体操训练成绩并且能够显示学生艺术体操训练成绩及各项指标训练发展曲线图。在已有个人训练方案的基础上，对其训练方案进行相应的调整与修改，并等待个人训练方案的审核通知，指导学生进行艺术体操训练。

在教师用户主要业务流程功能设计说明的基础上进行该部分功能的类图设计（图 6-21）。类图主要内容包括部分属性和主要方法的基本说明。对于这部分流程功能进行抽象描述，主要设计的类有教师类 Teacher，体育项目类 Item，个人训练安排项目类 SchemeItem，个人训练安排类 Scheme，系统通知类 Notification 以及与数据库进行数据交换操作类 TeacherDao 和 SchemeDao。在 Teacher 类中，其属性主要有姓名、性别、年龄、学校、电话、邮件，其方法主要有添加教师信息、修改教师信息、获取学生信息、获取学生身体素质信息、获取学生训练信息、添加个人训练安排、修改个人训练等。TeacherDao 类主要实现教师类信息在数据库中的相关操作，其中包括增加教师信息、删除教师信息、搜索教师信息、查看教师相关通知等。SchemeItem 类主要用来描述个人训练安排中各训练项目信息，主要属性有 Item 类对象，Item 类用来表示艺术体操单个项目内容。Scheme 类用来表示个人训练安排对象，其中一个属性是 SchemeItem 类的对象集合，表示个人训练安排中包含多个训练项目，主要方法包括训练项目、删除训练项目等。类 SchemeDao 和类 TeacherDao 与 OracleDB 属于依赖关系，类 Scheme 与类 SchemeItem 属于聚合关系，类 SchemeItem 和类 Item 属于组合关系。

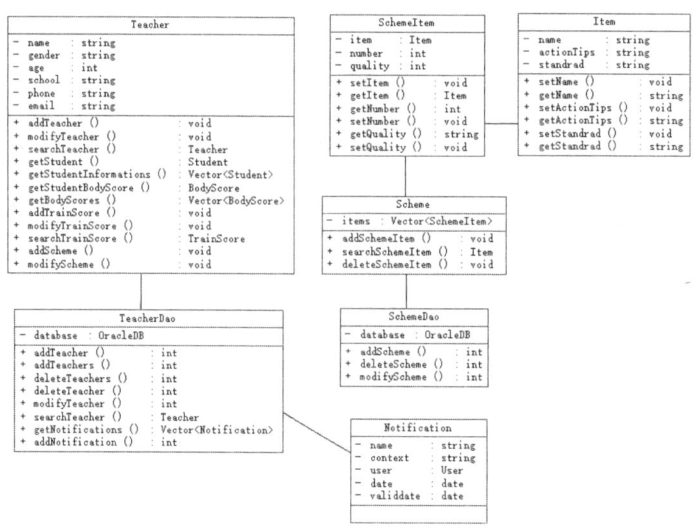

图 6-21　教师用户功能业务相关类图设计

以上采用流程图的方式对教师用户主要业务流程的功能设计进行较为详细的说明，采用类图说明在系统编码实现上的程序设计细节。

（三）教辅决策人员用户业务功能模块设计

教辅决策人员主要完成艺术体操训练大纲的定制与修改，结合学生身体素质与艺术体操训练情况、教师艺术体操训练指导情况以及艺术体操训练培养计划的制定，结合现有艺术体操训练大纲对其完成修改完善。教辅决策人员登录系统后，系统自动推送需要审核的教师艺术体操培养方案，完成对培养方案的修改和审核之后，教辅决策人员可以查看学生艺术体操训练指导情况以及教师培养方案的制定情况，查看和修改艺术体操训练大纲，并可以将其导出。教辅决策人员完成对于教师艺术体操训练培养方案的查看、修改和审核，查看学生身体素质和艺术体操训练整体情况，在对其有了全面了解的基础之上，基于现有艺术体操训练大纲完成新大纲的制定和修改工作。在整个业务流程中涉及的业务过程主要有修改并审核体操培养方案，制定或修改艺术体操训练教学大纲，查看相关训练数据，如图 6-22 所示。

基于以上关于教辅决策人员用户的主要业务流程设计说明进行相关类

设计，采用类图 6-23 描述主要的基本类设计。其业务流程中主要涉及的基础类有教辅决策人员类 DecisionMaker，艺术体操教学大纲类 Program，艺术体操教学内容类 ProgramItem，学生分组类 StudentGroup，以及与数据操作相关联的 DecisionMarkerDao 类和 ProgramDao 类。教辅决策人员主要参与的业务操作有获取教师信息、生成并获取教师教学成果信息、获取学生身体素质信息、获取学生艺术体操训练信息等，因此其相对应的类方法设计为 getTeacher，getRank Of Teacher，getBody Of Student，getTraining Of Student 等。艺术体操教学大纲类 Program 主要属性为大纲内容项的数组和学生分组，针对一个学生分组制定一个艺术体操训练教学大纲，并包含多个大纲内容项。学生分组类 StudentGroup 主要属性为学生类数组，通过添加学生对象，形成一个学生分组。与 DecisionMaker 类和 Program 类相对应，数据库的操作类分别为 DecisionMakerDao 和 ProgramDao。DecisionMakerDao 中的主要方法与类 DecisionMaker 中方法相似，主要是实现对数据库中数据信息的操作。ProgramDao 中主要方法有在数据库中添加教学大纲信息 addProgram，删除教学大纲信息 deleteProgram，获取教学大纲信息 getProgram 等方法。DecisionMakerDao，ProgramDao 与 OracleDB 属于依赖关系，类 Program 和 ProgramItem 属于组合关系，类 Program 与 StudentGroup 属于依赖关系。

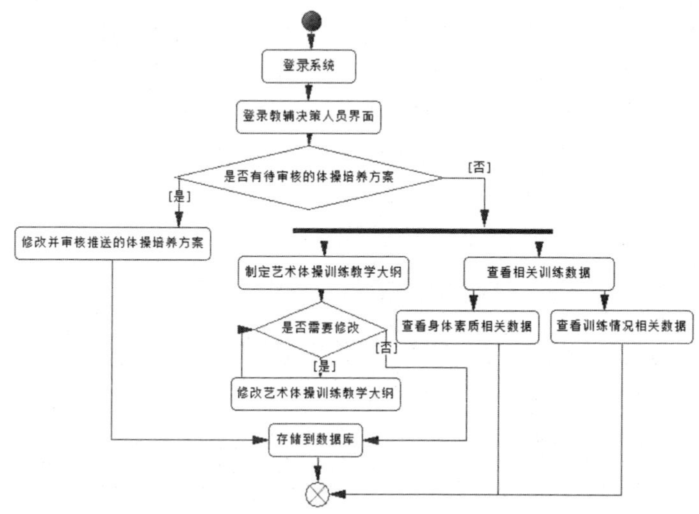

图 6-22　教辅决策人员用户主要业务流程设计

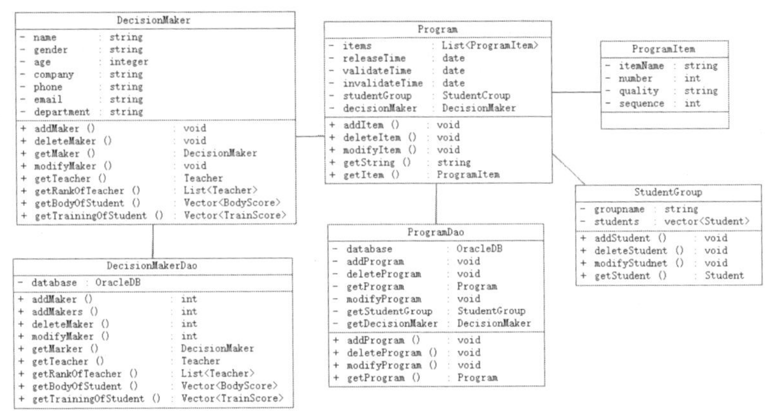

图 6-23　教辅决策人员功能业务相关类图设计

(四) 艺术体操专家用户业务功能模块设计

艺术体操专家用户通过输入相应的用户名密码完成身份权限验证后，就可以登录艺术体操专家界面，其主要参与完成的相关业务主要有评价艺术体操训练教学大纲的应用效果、评价个性化教学方案训练效果、管理教师教学成果以及查看各类信息书库。通过采用基于网页的操作方式，进行相关的选择操作。针对业务评价艺术体操训练教学大纲的应用效果，评价个性化教学方案训练效果，需要将评价的结果存储到数据库中。艺术体操专家用户可以通过数据分析功能，对教师的教学成果进行评估，并将评估结果存储到数据库中。其主要流程描述如图 6-24 所示。

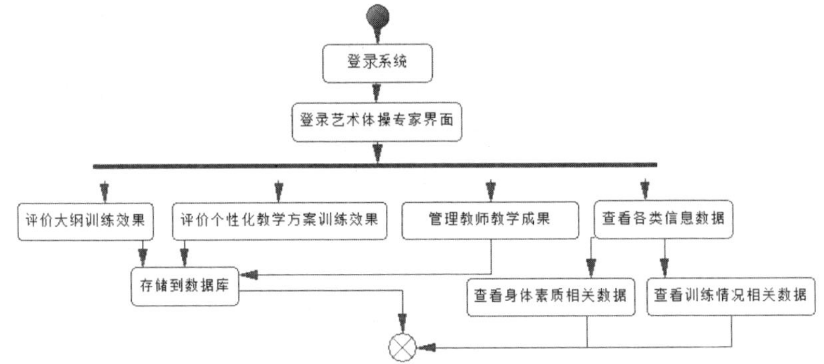

图 6-24　艺术体操专家用户主要业务流程设计

艺术体操专家用户主要参与的业务流程较其他用户来说较少，因此在设计系统程序时，可以参考使用前面用户业务流程中的设计类，如

图 6-25，除此之外，其主要设计的类有艺术体操专家类 Expert，对数据库进行数据操作 ExpertDao 类，以及表示其评价培养效率结果类 Evaluation-Result。

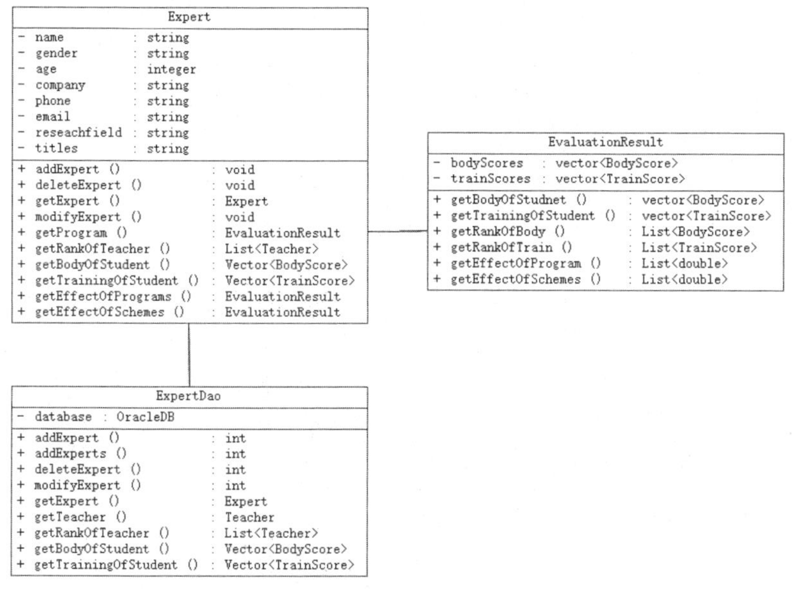

图 6-25　艺术体操专家功能业务相关类图设计

以上从四类主要系统用户的角度对其参与的主要业务功能以及其基本的业务流程进行概要说明，并且从程序设计角度入手，在需求分析的基础上，进行相关的类设计，并采用类图的方式说明设计思路，使整个系统的基本设计框架设计完成。

五、艺术体操训练指导系统数据模型设计

数据模型用于描述艺术体操训练指导中各项参数以及各项参数之间的关联关系。在艺术体操训练指导系统的数据库设计中，数据模型的设计直接决定设计出的数据存储的正确性和合理性，以及数据查询执行效率。

在本节中将对艺术体操训练指导系统中数据模型的设计进行详细的分析，在所有的 Freemarker 页面通过 hibernate 与数据库连接，实现对数据库中数据增加、删除、修改和查看操作，从而实现系统业务功能需求。本文采用 Oracle 数据库作为数据库工具，良好的数据库设计能够提高系统的运行效率。下面将从逻辑模型和物理模型这两个方面介绍系统数据库设计

思路。

（一）数据模型逻辑模型设计

数据概念模型是依据本文对于艺术体操训练指导系统的需求分析，基于系统中涉及的各个实体以及实体之间的关系，实现数据模型的概念设计。系统应用过程中，会涉及大量数据的查询和分析操作，因此数据逻辑模型设计的合理性直接关系到系统的运行效率以及系统升级维护特性。逻辑模型是在概念模型的基础上对其进行的细化，根据本文艺术体操训练指导系统的需求分析内容，将系统中数据表的设计依照不同用户对于系统功能的要求以及系统维护的需求来完成。

在数据模型的逻辑模型设计中，由于用户业务流程处理要求，从系统安全性和稳定性角度考虑，设计并完成数据模型相关表的建立。其设计的基本原则是能够很好地满足系统需求，并且能够尽量合理地减少系统中数据的冗余，保持数据的正确性，在本系统数据库中，依照或者尽量满足第三范式的要求完成数据库表的设计。考虑到关系数据库本身的优势，本系统主要采用关系型数据库来存储数据。

本系统数据库中实体主要有“学生”“身体素质指标”“艺术体操训练指标”“个人训练方案”“教师”“艺术体操训练方案”“教辅决策人员”“艺术体操指导大纲”“指导”等。实体与实体之间的关系也较为复杂，其中主要的关系有一对多关系，例如“学生”和“身体素质指标”“艺术体操训练指标”，“教师”和“学生”等。实习与实体之间也具有一对一关系，例如“学生分组”和“体操教学大纲”等。采用数据库设计中的实体关系图表示系统数据库设计的思路。

整个系统设计的数据表较多，因此按照一定的规则分开介绍数据表设计思路。图 6-26 是描述系统用户数据模型的 ER 图，其中主要数据表有系统用户表、用户权限表、系统管理员表、艺术体操专家表、艺术体操决策人员表、学生表、教师表。系统用户表中主要的域有用户名、密码、用户权限 id，在登录系统时，系统用户表中进行查询就可以判断使用者是否是系统用户。用户权限表的设计主要是为实现系统可扩展性，当系统需要进一步增加功能进行开发时，如果添加一种新的用户权限，则可以通过用户权限表进行更新。针对系统几种主要的用户类型建立数据表，由于用户类型不同，拥有的域也不尽相同，其共同域有姓名、年龄、手机号码等。在这些数据表中，主要采用 id 作为数据表唯一主键，标识每一条数据。

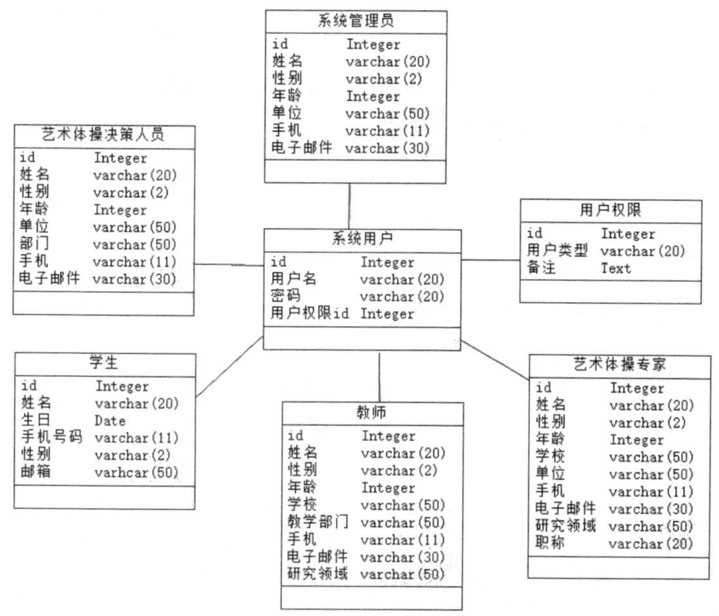

图 6-26　系统用户数据模型 ER 图

图 6-27 中所示的 ER 图描述身体素质信息相关的数据表设计，主要包括两个数据表，分别是身体素质测试分数表和身体素质信息表。身体素质测试分数表中的数据可以依据身体素质信息，提供相应的计算方法计算出来。其中身体素质信息表中主要有学生 id 以及基本身体素质测试项目，用来表示某个学生身体素质测试项目的数据。身体素质测试分数表，其主要域有学生 id、身体因素分数、柔韧力量分数、速度灵巧性分数，以及记录时间和记录教师 id。对于一个学生来说，可以具有不同时间的身体素质测试分数数据，因此可以查询学生身体素质测试分数历史记录。

身体素质测试分数	
id	Integer
学生id	Integer
身体因素分数	double
柔韧力量分数	double
速度灵巧性分数	double
记录时间	Date
记录教师id	Integer

身体素质信息	
id	Integer
学生id	Integer
身高	double
体重	double
皮褶厚度	double
坐位体前屈	double
转肩	double
仰卧起坐	Integer
百米测试成绩	double
弹跳	double

图 6-27　身体素质数据概念模型 ER 图

对于一段时间内体操训练效果采用比赛测试的方法进行判断，判断其现有的个人训练计划安排是否取得较好的成果。图 6-28 表示比赛评分数据模型 ER 图，其主要包括的数据表有比赛评分分数表和体操比赛记录表。其中比赛评分分数表主要用来记录体操比赛的评分结果。体操比赛记录表包含的域有记录专家、记录时间等。对于一个学生来说，其体操比赛评分分数都记录到数据库中，可以通过查询操作，获取体操比赛成绩历史结果，判断其是否取得一定的进步。

体操比赛评分分数	
id	Integer
身体难度	double
舞步系列	double
抛的动力性动作	double
器械熟练性	double
学生id	Integer

体操比赛记录	
id	Integer
体操比赛评分分数id	id
记录专家id	id
记录时间	Date
备注	Text

图 6-28　比赛评分数据模型 ER 图

体操训练数据是本系统算法需要处理的重要数据，因此，其 ER 图设计较为复杂，如图 6-29 所示，主要包括的数据表有体操训练项目表、个人训练安排表、个人训练安排纪律、实际训练内容表、实际训练内容记录。其中个人训练安排表和个人训练安排记录主要用来存储个人训练方案数据。而实际训练内容和实际训练内容记录则用来存储个人实际训练数据。体育训练项目表用来表示体操训练中各项动作数据，其主要域有项目名称、动作要领、评分标准。个人训练安排表中其主要域有训练项目 id、计划完成数量、计划完成质量、训练顺序等。实际训练内容主要域也有训练项目 id、完成数量、完成质量、训练顺序以及表示实际完成和计划完成数量比例的完成度。

图 6-30 描述教学大纲数据模型实体关系图，其中主要包括的数据表有教学大纲内容表、教学大纲内容记录表、学生分组记录表、分组信息表。在训练安排中，针对学生进行分组，对每一个分组制定其相应的艺术体操教学大纲。学生分组表中主要域有分组信息 id 和学生 id。教学大纲内容表中域有训练项目 id、计划完成数量、计划完成质量等。教学大纲内容记录表中主要域有发布时间、决策人 id、生效时间、失效时间等。其中教学大纲内容实体与教学大纲内容记录实体是一对一关系，教学大纲内容记录与学生分组记录是一对一关系。

图 6-31 描述其他相关数据表实体图设计，图中描述的数据表有教师

教学成果信息表、系统公告通知表、系统日志表。教师教学成果信息表中主要域有学生训练平均分、身体素质平均分、起始日期、截止日期等。系统公告通知主要域有标题、内容、发布人 id、发布时间、有效时间等。系统日志主要域有操作内容、用户 id 等。

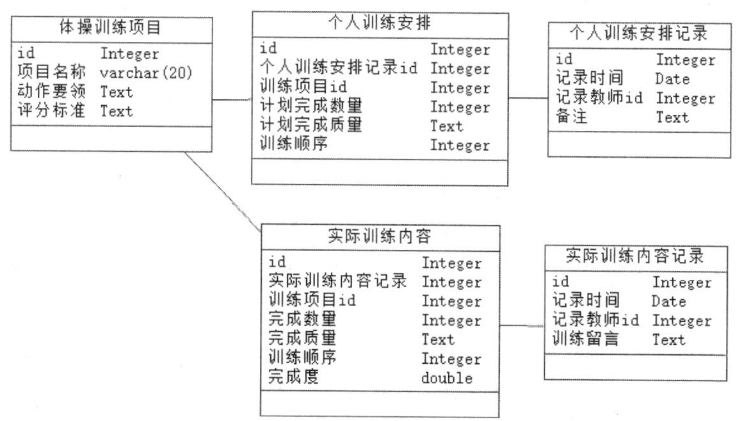

图 6-29　体操训练数据模型 ER 图

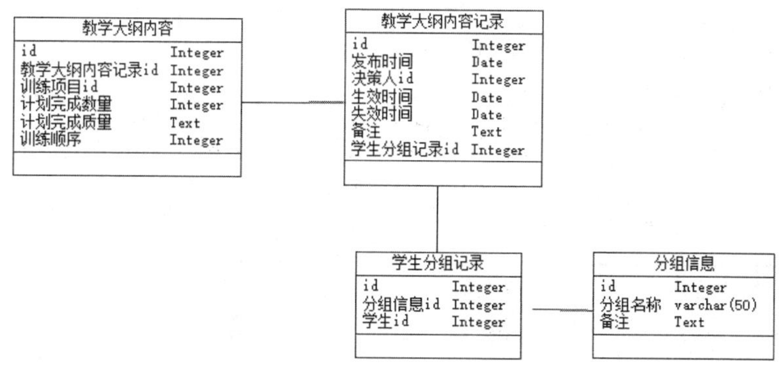

图 6-30　教学大纲数据模型 ER 图

教师教学成果信息	
id	Integer
教师id	Integer
学生训练平均分	double
学生身体素质平均分	double
起始日期	Date
截止日期	Date

系统公告通知	
id	Integer
标题	varchar(100)
内容	Text
发布人id	Integer
发布时间	Date
有效时间	Date

系统日志	
id	Integer
操作内容	Text
用户id	Integer
备注	Text

图 6-31　其他数据模型 ER 图

以上介绍了艺术体操训练指导系统中数据库的设计内容，采用实体关系图方法直观展示系统实体数据结构的设计，为在数据库中实现建立数据库打下基础。

（二）数据模型物理模型设计

在选择使用关系型数据库的前提条件下，本文采用 Oracle 数据库作为本系统逻辑设计实现数据库。基于以上设计完成的数据模型概念模型和逻辑模型后，依据数据实体与实体之间的相互关系，建立相应的数据库表及其相应的视图，完成数据库中的表结构的设计。

由于对系统数据模型逻辑模型部分的描述详细，这里就不对所有的数据实体的数据表设计进行介绍，采用举例的方式进行说明。例如，体操训练数据模型中的体操训练项目数据表设计如表 6-1 所示。其中，项目名称和 id 其表内值不允许为空，id 作为编号，可以采用自动增加的模式。

表 6-1　体操训练项目表

字段名称	字段类型	是否为空	字段说明
ID	INTEGER	不可为空	id
ITEMNAME	VARCHAR（30）	不为空	项目名称
ACTIONTIPS	TEXT	可为空	用户密码
STANDARD	TEXT	可为空	评分标准

体操训练数据模型中个人训练安排表设计如表 6-2 所示，其字段设计均不能为空，id 作为编号采用自动增加模式。

表 6-2　个人训练安排表

字段名称	字段类型	是否为空	字段说明
ID	INTEGER	不可为空 ID	
RECORDID	INTEGER	不可为空	个人训练安排记录 id
ITEMID	INTEGER	不可为空	训练项目 id
NUMBER	INTEGER	不可为空	计划完成数量
QUALITY	TEXT	不可为空	计划完成质量
SEQUENCE	INTEGER	不可为空	训练顺序

体操训练数据模型中个人训练安排记录表如表 6-3 所示，字段 id、记录时间、记录教师 id 不能为空，id 作为编号同样采用自动增加模式。

表 6-3　个人训练安排记录表

字段名称	字段类型	是否为空	字段说明
ID	INTEGER	不可为空	ID
RECORDDATE	DATE	不可为空	记录时间
TEACHERID	INTEGER	不可为空	记录教师 id
COMMENT	TEXT	可为空	备注

六、艺术体操训练指导系统用户界面设计

学生艺术体操训练模块只有学生才能访问，学生进入系统后，可以进行个人信息完善，查看身体素质测试数据，查看艺术体操训练要求，查看艺术体操训练测试数据，查看艺术体操训练成绩，查看个人艺术体操训练培养方案等，学生登录系统后的主要交互界面如下图 6-32 所示。

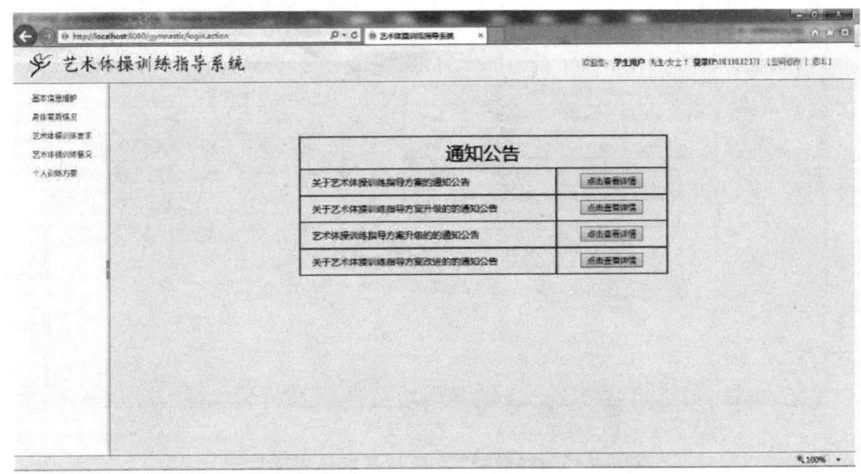

图 6-32　学生登录系统界面展示

教师指导模块，仅教师登录系统后可以访问，教师登录系统后，审核学生个人完善的信息，录入学生身体素质测试数据，录入学生艺术体操训练数据，评价并生成学生艺术体操训练成绩，修改并审核学生个人训练方案，制定并提交艺术体操训练培养计划，其交互界面如图 6-33 所示。

教辅决策模块，仅教辅决策人员可以访问，教辅决策人员登录系统后，修改并审核教师训练培养方案，查看学生身体素质整体情况，查看学生艺术体操训练整体情况，查看教师培养方案制定情况，制定并修改艺术体操训练大纲，其交互界面如图 6-34 所示。

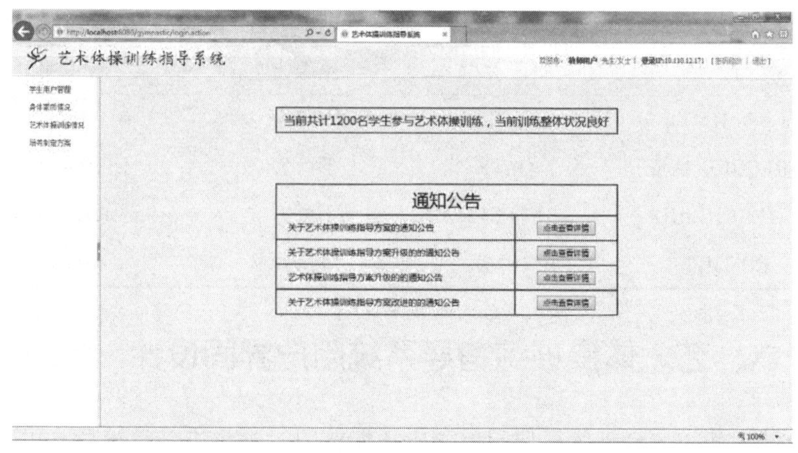

图 6-33　教师登录系统界面展示

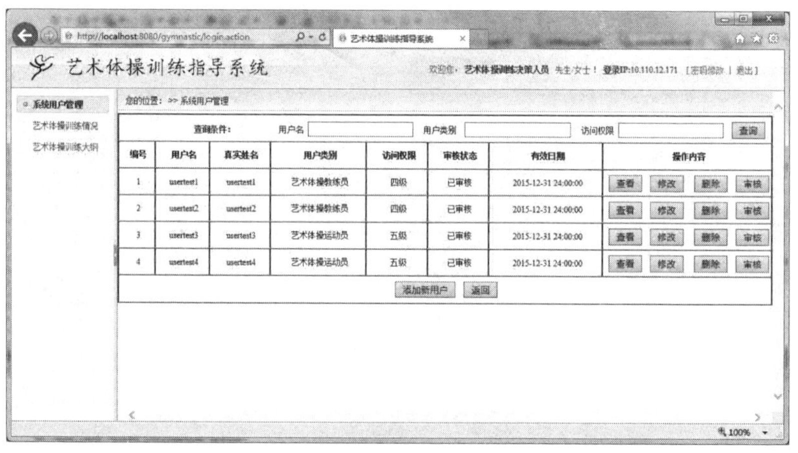

图 6-34　教辅决策人员登录系统界面展示

系统采用 Web 项目的方式开发，采用浏览器作为访问端使用该系统，因此系统用户界面设计的风格如上面图中所示，整个页面设计简单清晰，易于操作。

第四节　艺术体操训练指导系统实现

基于上一节系统详细设计，本节主要对系统的实现进行详细的说明以及系统实现后的效果展示。在本书中，系统实现采用 SSH 架构，使用 HT-

ML+CSS 实现页面展示和渲染，采用 FusionCharts 实现系统中各项图表以及发展曲线的描绘和展示，Javascript、AJAX 实现系统校验和页面逻辑功能处理，使用 Oracle 数据库作为系统后台提供数据支持。对于系统实现来说，将分别从模型算法实现、系统整体实现以及系统应用部署三个部分进行详细说明。

一、系统模型算法实现

采用本书中设计实现的系统指导学生艺术体操训练，对实现系统成熟的技术在本书中不做过多介绍，主要对系统中实现学生艺术体操训练指导的算法设计与实现进行详细的介绍。其中，主要描述学生艺术体操训练、教师指导、教辅决策等流程中涉及的算法及其实现的编码内容，对建立学生身体素质指标体系算法、建立艺术体操训练指导标准模型算法、学生艺术体操训练指导算法三个主要算法进行详细的说明。

（一）建立学生身体素质指标体系算法实现

本书设计和实现的艺术体操训练指导系统主要目的是基于学生的身体素质状况，提出适合于不同学生的艺术体操训练要求，所以学生身体素质的测评是系统需要实现的重要内容。

学生身体素质指标体系模型主要分成三类指标，分别是身体因素类指标、柔韧力量性指标和速度灵巧性指标，下面将以身体因素类指标为例说明其计算实现过程，其他两类指标计算过程同身体因素类指标计算过程相似。计算身体因素指标得分算法实现基本流程如图 6-35 所示。

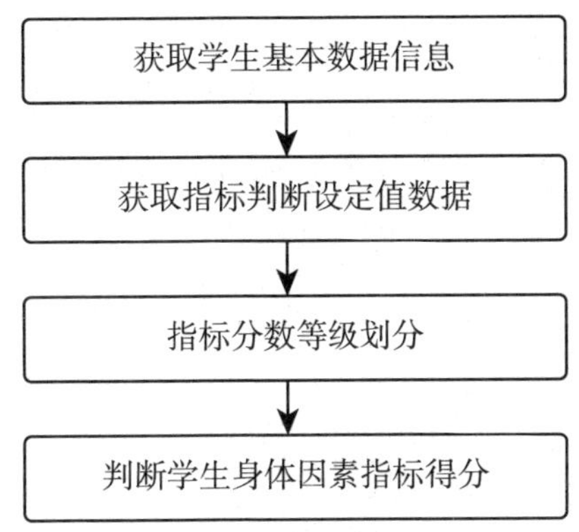

图 6-35　身体素质指标得分获取方法实现流程

首先从数据库中获取基本信息数据，包含学生身体测试数据以及各项指标的设定值的基本信息数据。根据设定值数据，实现指标等级划分。根据等级划分，判断身体因素指标的得分。在计算身体因素类指标的得分时，首先获取各指标的最大值最小值，通过将最大值与最小值之间的区间进行等分划分，按照不同等级的要求，对于不同的等级赋予相应的权值，例如，将指标级别划分为 5 等份，最低一级的权值为 0.2，依照等级的权值以 0.2 作为增长步长进行递增赋值。当然如果对于区间划分得越细，对于学生身体素质各项指标的评价越准确。在系统中实现对于学生群组身体因素指标得分算法的计算功能，对于基于多个学生信息计算学生群组身体因素指标得分其函数定义为 List<PhyScore>getStateScores（List<string>）的伪代码实现过程如下：

```
List<Student>StudentList= DB.getStudent（List<studentid>）;//获取一组学生信息
List<PhyState> phyStas=DB.getPhyStas();//获取身体素质各项指标的相应的阈值
List<List<double>> rangesList;
List<double>phyScores;
For(int i=0;i<phyStas.size();i++)//获取身体素质各项指标
{
List<double> ranges=phyStas.GetRanges();
rangesList.add(ranges);
}
For(int i=0;i<StudentList.size();i++)
{
Doubleps=StudentList.get(i).GetScores(rangeList);
phyScores.add(ps);
}
Return phyScores;
```

本书对于学生身体因素类各项指标得分的具体计算函数采用 doubleGetScores（List<List<double>>rangeList）表示，在获取学生身体因素类各项指标的得分之后，将其求和，得到的结果即为学生身体素质类指标的得分，该算法实现的代码如下所示：

```
double score;//声明学生的身体因素平均值
for(int i=0;i<rangeList.size();i++){
List<double> ranges=rangeList.get(i);//
For(int j=0;j<ranges.size-1;j++)//对于每一个影响因素,进行得分评价,判断其所
在范围。
```

```
{
    If( ranges. get( j ) <= this. phyScores[ j ] && ranges. get( j+1 ) > this. phyScores[ j ] )
{
ranges = 1/( ranges. size( ) -1) * ( j+1);
      score = score+ranges;
Break;
}
}
}
score =  score/rangeList. size( );
return score;
```

上述代码中，主要实现了对于身体素质指标体系中各类指标值计算，获取相应的计算结果值。通过身体素质测试所得的数据，按照各项指标的划分区间，将其身体素质状况映射到不同的区间中，从而获取身体素质的评价信息。

（二）建立艺术体操训练指导标准模型算法实现

在获取学生身体素质各类指标的评分后，需要根据其身体素质情况对艺术体操训练提出相应的训练要求，依据专家分析法和小组讨论法，对学生在艺术体操训练中各项动作对于身体因素、柔韧力量因素和速度灵巧因素的要求对各类指标赋予不同的权值。依据学生各项身体指标与其对应的权值结合该项动作完成标准数量计算出学生在该项动作中可以完成的动作数量，即对学生在艺术体操训练中该项动作提出要求，并将学生艺术体操训练的要求保存至学生艺术体操训练要求相关的数据表中。其建立艺术体操训练指导模型的标准算法流程如图 6-36 所示。

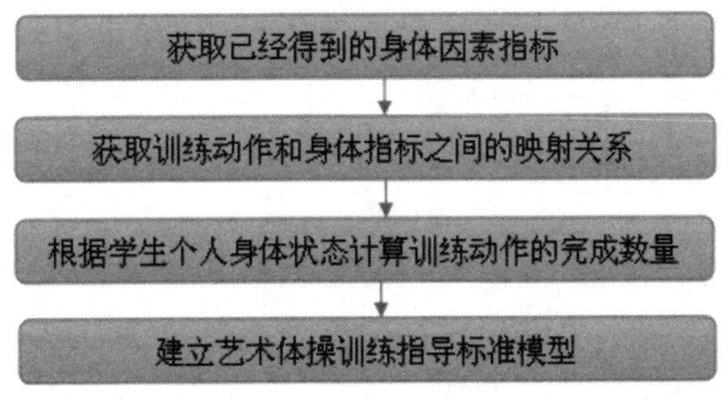

图 6-36　建立艺术体操训练指导模型算法实现流程

对于一组学生来说，建立不同的艺术体操训练指导模型，保证每一个学生能够为其获取一个合理的艺术体操训练指导模型。其主要算法函数定义为 List<TrainModel>getTrainModel （List<string>） 的伪代码实现过程如下：

```
List<TrainModel> TMList;
//获取一组学生信息
List<Student>StudentList= DB. getStudent （List<studentid>)；
//获取艺术体操训练各动作与体质指标映射值
List<IndexRequest> indexReqList = DB. getIndexReqLsit( )；
For( int i=0;i<StudentList. size( );i++)
{
TrainModel tm=StudentList. get(i). GetModel(indexReqList)；
  TMList. add(tm)；
}
Return TMList;
```

其中计算单个学生的艺术体操训练指导标准模型的函数定义为 TrainModelgetModel(IndexRequest ir)，其具体实现代码如下所示：

```
//获取艺术体操训练各动作与体质指标映射值
IndexRequestindexReq=ir;
for( int i =0 ; i< indexReq. size( ); i++)
{//获取身体因素、柔韧性、速度三方面因素的对应权重
  Double bodyWeight = indexReq. get(i). getBodyWeight( );
  Double rotaWeight = indexReq. get(i). getRotaWeight( );
  Double speedWeight = indexReq. get(i). getSpeedWeight( );
  int reqNum = indexReq. get(i). getReqNum( );
//获取身体因素、柔韧性、速度三方面的相关得分
  indexBodyScore = goal. getBodyIndex( ) * bodyweight;
```

```
  indexRoteScore = goal. getRortaIndex( ) * rotaWeight;
  indexSpeedScore = goal. getSpeedIndex( ) * speedweight;
  Double indexScore = indexBodyScore +indexRoteScore + indexSpeedScore;
  int num = indexScore * reqNum;
  StudentReq studentReq = new StudentReq( );
  studentReq. setReqNum(num);
```

```
    studentReq. setValue( indexReqList. get( i). getValue) ;
    studentReq. setUserId( studentId) ;
//保存艺术体操训练指导模型数据
    DB. save( studentReq) ;
}
ReturnStudentReq. getModel( ) ;
```

上述代码中，在获取学生身体素质状况后，参照艺术体操训练中各项动作对身体素质各类指标要求，生成对学生艺术体操训练中需要完成各项动作的要求，并将生成的学生身体素质的艺术体操训练要求存储数据库，以便于数据读取，减少中间不必要的计算环节，进一步提升系统响应速度。

（三）学生艺术体操训练指导算法实现

学生艺术体操训练指标算法在获取学生身体素质各项指标参数后，依据艺术体操训练中各项动作对身体素质中身体因素、柔韧力量性因素和速度灵巧性因素要求不同，生成不同学生艺术体操训练各项动作的训练量相应要求，生成相应训练安排指导学生进行艺术体操训练。在学生进行训练的过程中，通过对训练当中各项训练指标的分析，对学生艺术体操训练进行评价，结合教师对学生艺术体操训练主观评价，进而得出学生艺术体操训练结果。针对各项动作的完成情况结合各个动作的权值，对学生艺术体操训练进行指导，该算法的实现代码如下所示：

```
StudentArt studentArt = DB. getStudentArt( studentId) ;
StudentReq studentReq = DB. get StudentReq( studentId) ;
List<IndexRequest> = DB. getIndexReqLsit( ) ;
Double score = 0. 00
int difValue = 0;
for( int i=0 ; i< indexReqList. size( ) ; i++) {
    int reqNum = studentReq. getReqNum( ) ;
    int difrate = ( studentArt. getIndexNum1 - reqNum)/ reqNum
    Double artTemp = studentArt. getIndexNum1 *
indexReqList [ i]. getIndexValue( ) ;
     Double remarkTemp = indexReqList. getRemarkValue( ) ;
     Double value = artTemp * 0. 8 + remarkTemp * 0. 2
    score = score + value;//求出本次艺术体操训练成绩
    studentReq. setDifRate( difrate) ;
```

```
    DB. update( studentReq) ;
  }
  studentArt. setScore( score) ;
  DB. update( studentArt) ;
```

```
  //计算各训练指标方差并依据权重对指标排序
  int rateNum = 0;
  int sqrrate = 0;
  StudentReq studentReq = DB. get StudentReq( studentId) ;
  for( int i=0 ; i<indexNum ; i++) {
    int rate = studetnReq[ i]. getDifRate( ) ;
    rateNum = rateNum + rate;
  }
  averRate = rateNum/ indexNum;
  for( int j =0;j<indexNum;j++) {
    int sqrTemp = studetnReq[ i]. getDifRate( ) - averRate
    sqrrate = sqrTemp * sqrTemp + sqrrate;
  }
  Sort( studentReq. getDifRate( ) ) ;
```

以上算法通过计算学生在艺术体操中各项动作完成情况与其要求完成动作差距比率，结合动作所对应的权值将学生艺术体操训练各项动作训练次序进行排序，按照动作顺序指导学生进行艺术体操训练，同时计算学生艺术体操训练中各项的方差，能够很好地反映出其艺术体操训练的波动情况，进而在下一阶段中指导学生进行艺术体操训练。

二、艺术体操训练指导系统功能实现

基于学生身体素质个体差异的艺术体操训练指导系统旨在解决现有统一式艺术体操教学带来的种种弊端，本系统主要功能主要针对不同身体素质状况的学生在艺术体操训练中提出不同训练要求，再经过数据对比学生训练情况，对学生在艺术体操训练中提供相应的指导。本系统主要涉及五类用户使用，因此可以分成五个模块进行系统实现，分别是学生用户模块、教师用户模块、教辅决策人员模块、艺术体操专家模块、系统管理模块。由于本系统主要提供学生艺术体操训练指导，为此需要学生训练要求和历史训练数据，结合学生艺术体操训练各项指标发展曲线图完成对学生艺术体操训练的指导。对主要实现的功能模块进行详细的介绍。

（一）统计数据可视化绘制

艺术体操训练指导系统中主要的功能之一就是根据相关的信息数据进行统计，并采用图表的方式进行直观化的可视化显示，基于 web 项目的开发方式，采用 FusionCharts 组件实现相关功能的统计数据绘制，例如可以绘制体能测试曲线图以及运动项目曲线图等。

本书设计的系统中主要采用了 FusionCharts 组件中的柱状图、环图、曲线图等。对统计数据进行可视化绘制的基本流程如下：首先，选择需要创建图形形状的 SWF 文件，不同的 SWF 表示不同的图形，本文中根据不同统计数据的基本特征选择不同的图形形状，主要采用的是柱状图、环图、曲线图；然后生成相关 XML 文件保存统计数据的基本信息，其是整个可视化绘制过程的基础；最后编写 Html 文件，添加基本的嵌入显示代码，将图形形状和统计数据存放到前台用户界面中实现系统统计数据显示。

提供保存统计数据的 XML 文件的数据接口。不同的图形类型需要提供的数据接口略有不同，以柱状图为例，其主要需要提供的元素有坐标名称 yAxisName，标题 caption，以及其他基本图例设计元素，还有最重要的统计数据等，其主要的 XML 表示方式如下：

```
<chart yAxisName="  caption="  userRoundeEdges="  bgColor="  showBorder="  >
<set label="  value="  />
<set label="  value="  />
<set label="  value="  />
<set label="  value="  />
</char>
```

因此只需要生成基于以上格式的带有统计数据的 XML 文件作为 FusionCharts 的统计数据文件，进行进一步的可视化绘制。根据统计数据将其 XML 统计结果嵌入 html 页面中进行可视化显示，主要包含的伪代码描述如下：

```
<script type="text/javascript">
Varchart=new FusionCharts(“swf 文件”);
chart. setDataURL(“统计数据 XML 文件”);
chart. render(“显示图 div 的 id”);
</script>
```

由此就可以在前台用户界面中对统计数据进行可视化绘制，通过曲线图等相关统计图可以直观地描绘出数据统计结果，以便相关人员查看，直观反映数据的部分特征性质。

（二）学生用户模块实现

学生在登录系统之后进入学生用户界面，此系统中包括学生基本信息维护、学生身体素质情况、艺术体操训练要求、艺术体操训练情况、个人训练方案导出等几个主要功能，以下分别进行介绍。初始登录学生用户界面时候，学生可以浏览公告通知，实现效果如图 6-37 所示。

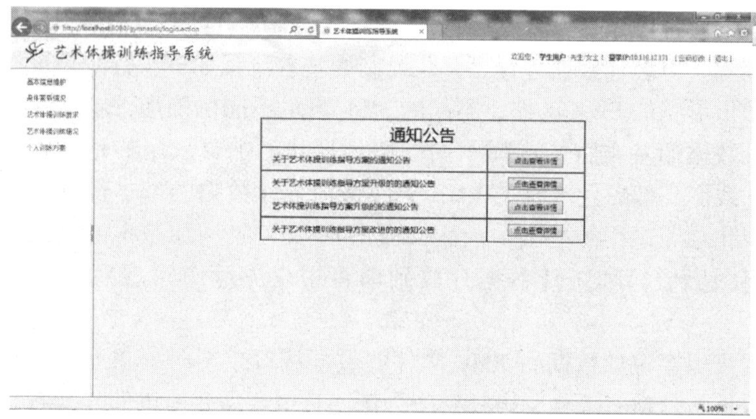

图 6-37　学生登录系统界面

点击学生基本信息维护功能可以查看学生姓名、性别、年级等基本信息并对其中缺失内容和错误内容进行编辑和修改，完善学生基本信息，如图 6-38 所示。

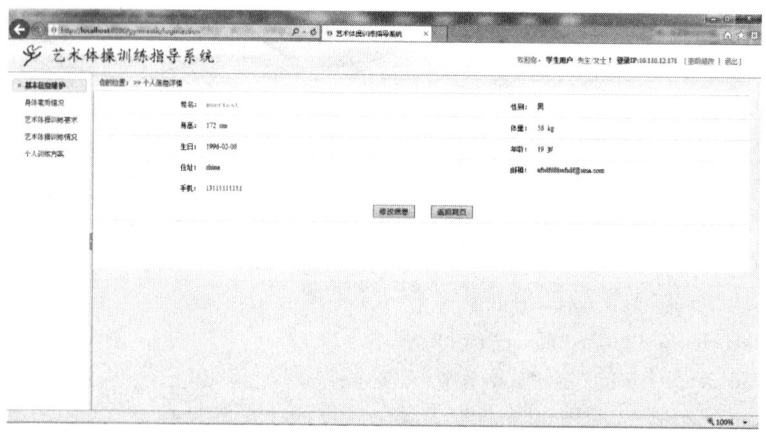

图 6-38　学生登录系统界面

通过学生身体素质情况、艺术体操训练要求以及艺术体操训练情况可以查看学生历次体能测试中各项指标测试数据，点击各项指标的详情可以查看各项指标的历史训练发展曲线，依据学生体能测试数据对应的艺术体操训练要求，完成艺术体操训练，通过查看学生艺术体操训练情况，可以看到学生艺术体操训练测试数据，点击详情可以查看各项指标的历史数据发展曲线，如图 6-39 和图 6-40 所示。

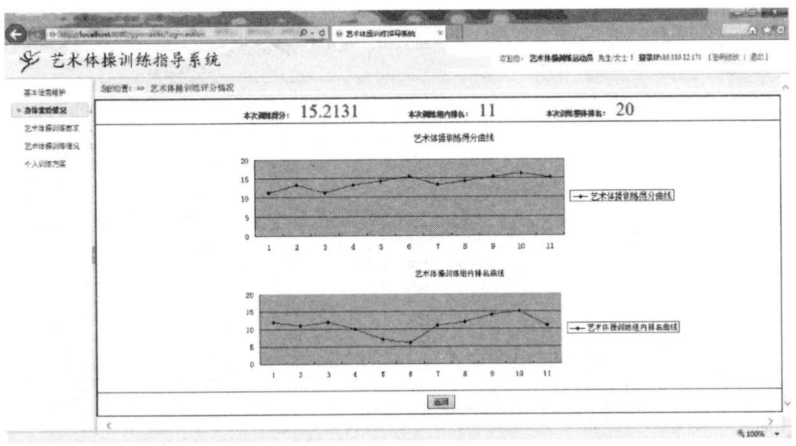

图 6-39　指标训练情况发展曲线界面

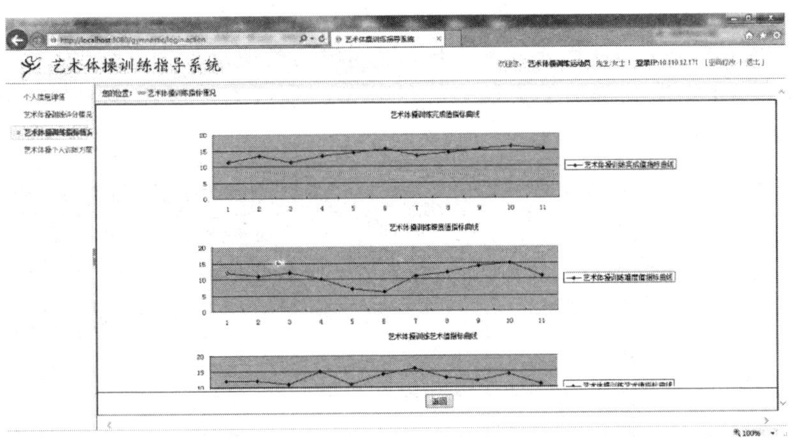

图 6-40　指标历史发展曲线界面

以上对学生用户模块中几个主要功能的实现进行详细的介绍，实际上其实现的功能还有很多，主要满足学生对于艺术体操训练指导的基本需求。

(三) 教师用户模块实现

教师在登录系统后，进入教师用户界面，在该子系统中包括学生用户管理、学生身体素质情况、学生艺术体操训练情况、艺术体操训练培养计划制定等几个主要功能，以下分别介绍。

初始登录教师用户子系统的时候，教师可以浏览相关的公告通知，同时可以查看目前训练艺术体操学生的相关统计信息，如图 6-41 所示。

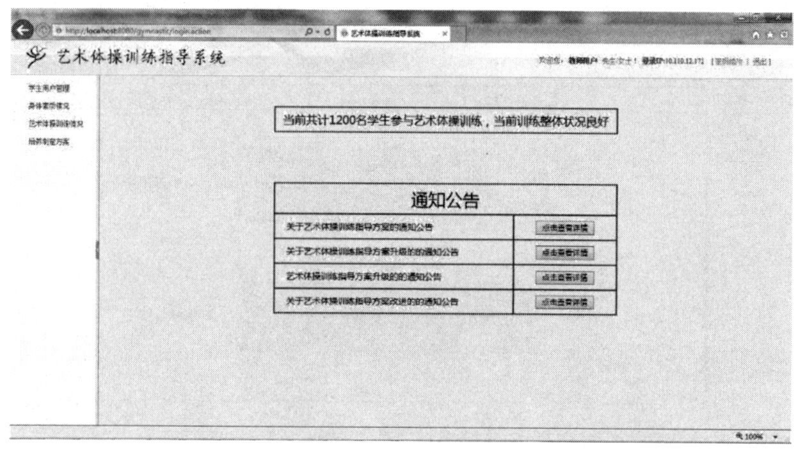

图 6-41　教师登录系统界面

点击学生用户管理，完成对于学生用户的增加、删除、修改、查找等功能，对于学生完善的个人信息，教师可以完成对于学生信息的审核功能，如图 6-42 所示。

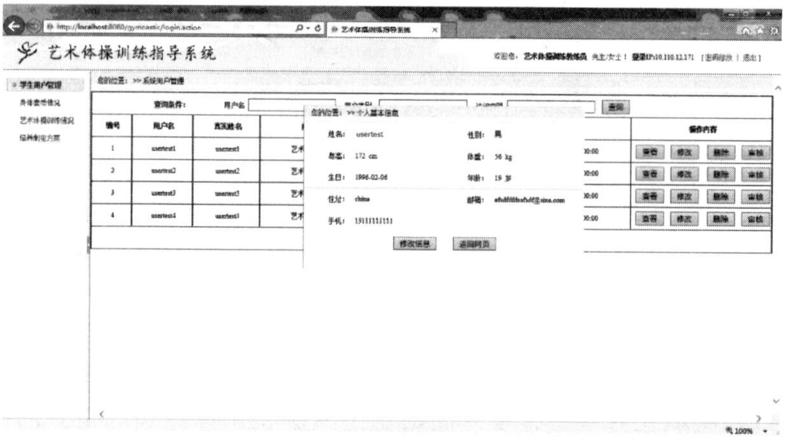

图 6-42　教师查看学生信息界面

点击学生身体素质情况和艺术体操训练情况，完成学生体能测试数据和艺术体操训练数据的导入，通过学生身体素质情况的分布，可以适当地调整艺术体操训练的要求，针对学生在艺术体操训练当中各项指标分布曲线情况，可以适当地增加学生艺术体操训练的强度，如图 6-43 所示。

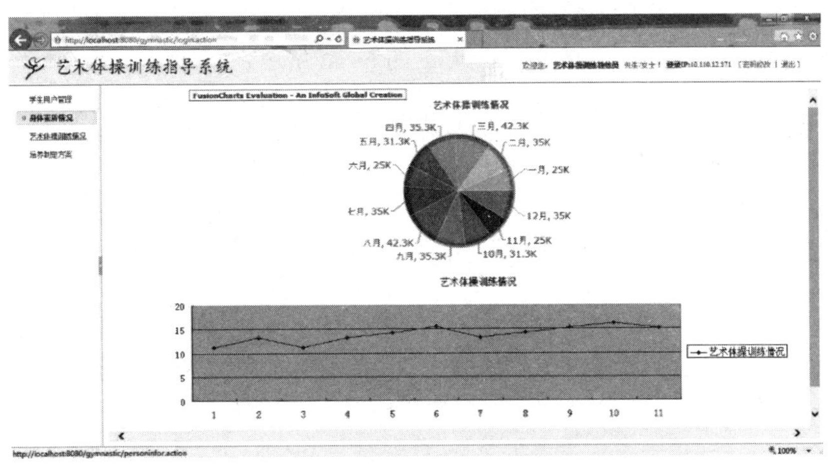

图 6-43　教师查看学生身体素质情况界面

点击培养方案制定，系统会根据学生身体素质分布情况和学生在艺术体操训练当中的表现及训练情况制定艺术体操培养方案，教师可以在系统导出的培养方案中进行修改并报教辅决策人员审核，如图 6-44 所示。

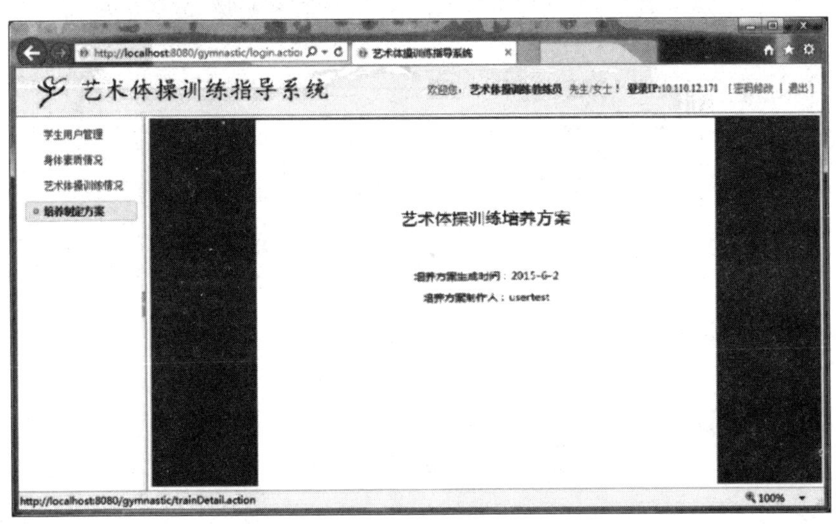

图 6-44　制定艺术体操训练培养方案界面

（四）教辅决策人员模块实现

艺术体操训练决策人员可以实现艺术体操训练学生和艺术体操教练员的管理，能够查看所有艺术体操学生的信息以及完成学生的添加、修改、删除功能，该功能的实现如图 6-45、图 6-46 所示。

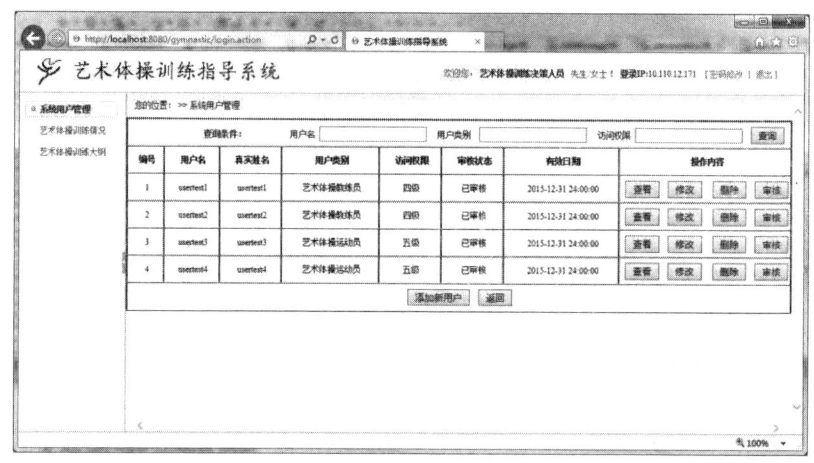

图 6-45　教辅决策人员登录系统界面

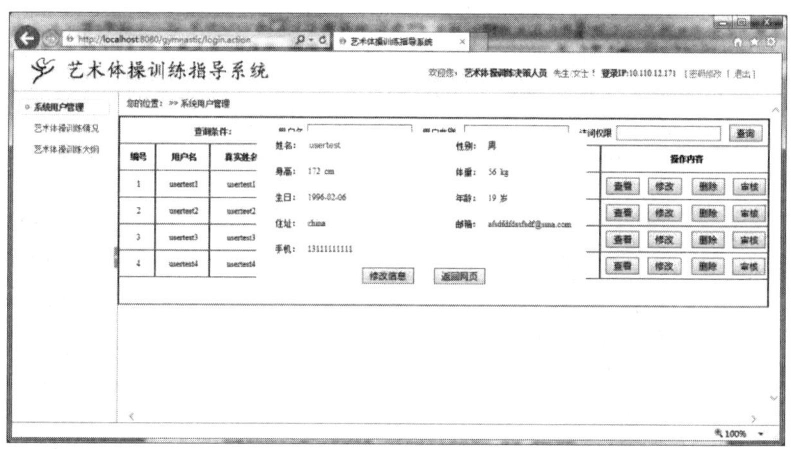

图 6-46　查看学生信息界面

查看所有参加艺术体操训练的学生的训练情况以全体艺术体操训练情况，并结合整体训练情况制定、修改和导出艺术体操训练大纲，如图 6-47、图 6-48。

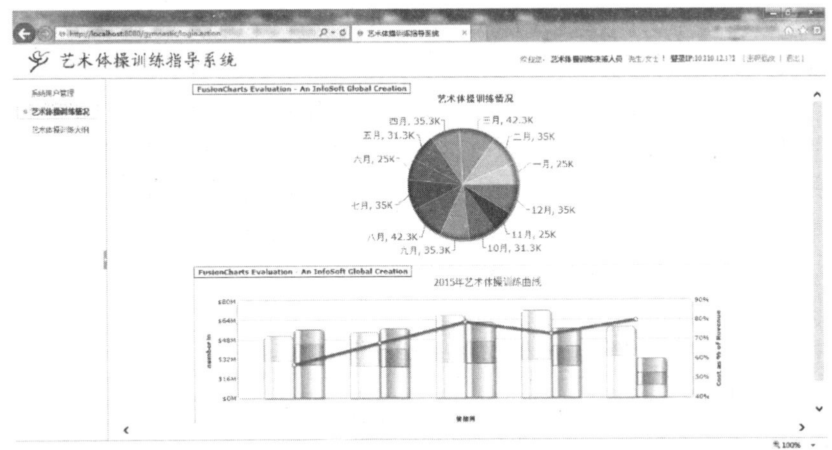

图 6-47　学生艺术体操训练情况

图 6-48　艺术体操训练大纲

第五节　艺术体操指导训练系统应用

一、系统应用部署实现

本系统的应用部署实现主要侧重硬件部分的配置，因为本系统不同其他的系统，不仅要考虑人数的承载能力，还需要考虑与学生身体素质相匹配的艺术体操训练要求以及对学生艺术体操情况的分析，其中涉及较为复杂的计算问题，所以综合考虑系统的稳定性以及安全性，本系统的部署主要采用以下架构：

（1）网络及硬件环境。系统部署在校园信息网络中心；运行在整个校园网络或者 VPN 网络环境当中，本系统需要一台数据库服务器、一台应用服务器，这两个服务可以共用一台机器，也可部署在不同的机器上，还需要一台备份服务器或者冗余的磁盘阵列，三台服务器的硬件标准如下：

CPU：i3 56104 或 Xeon 2.0GHZ 以上

内存：4G 以上

硬盘：50GB 冗余空间，RAID（磁盘阵列）用户自选

（2）软件部署环境。

服务器操作系统：Linux CentOS 7 Server

数据库服务器：Oracle 10g

应用服务器平台：Eclipse Luna，JAVA8.0

Web 服务器：Tomcat5.5

第三方组件：Freemarker，Chartfusion，javascript，CSS3

（3）部署文件。部署的文件包括第三方组件、数据库文件、体能测试数据获取文件、Web 应用系统文件以及相关的配置资料。具体包括用于绘制体能测试曲线图以及运动项目曲线图的 FusionCharts 组件以及 XML 解析组件，数据库文件 TiNeng.dmp、TiNeng.log 两个文件，以及艺术体操训练指导系统的发布文件 webroot 等。

二、系统功能测试

完成系统后，为保证系统能够正确运行，并且相应的系统功能都实现，需要对系统进行进一步测试。采用软件工程中常用的测试方法，分别是黑盒测试和白盒测试方法，对系统实现的功能进行确定。

首先在系统模块开发的过程中，多采用白盒测试的方法，根据系统实现的代码编写相关功能的测试用例，判断完成功能中出现的问题。部分系统代码经过白盒测试后，主要出现的问题有循环语句无法获得判断语句跳出条件导致功能不能继续进行，判断条件取消导致功能产生的结果错误，在此基础上，经过白盒测试结果判断出现问题的编码语句，及时修改其内容，使其能够正确完成相关的功能操作。

在系统完成后，多采用黑盒测试的方法，不通过其代码实现判断系统的测试用例，而是通过系统完成功能，判断系统功能是否实现完整全面。例如在系统登录过程中，其包含的测试用例有很多个，当测试用例的输入

是正确的用户名、密码以及其访问权限时，其应该实现的预测结果是用户系统登录成功，实际操作效果也是提示用户系统登录成功，并且系统页面转换到该访问权限下的主页面上，测试后证明该功能实现正确。实际上对于一个系统登录操作功能进行测试的用例很多，前面描述的只是其中的一种用例，当输入错误的用户名、密码或者权限关系后，实际上系统需要实现的功能是无法登录，并提供相应的提示信息，并且针对不同类型的用户都需要进行相应的测试，以保证不同的用户能够登录并显示其功能下的主页面，将所有可能情况都作为黑盒测试的测试用例后，才能够确定系统功能登录是否完全完成。同样地，系统测试内容并不仅仅这样简单，对于涉及模型计算的功能，还需要对计算的结果进行进一步验证，保证结果的正确性。在显示学生训练数据的功能中，系统经过已有信息的计算获取对于训练数据的基本要求，在该过程中参与数值的数学计算，因此，虽然在进行该功能操作时，在界面上可以显示出相关结果，但是不能保证其结果的正确性，因此需要对系统主要功能中的计算部分进行更加详细的测试分析，以保证系统功能运行的正确性。同样，还需要对数据库操作相关的主要功能进行测试，在完成系统的相关功能后，需要结合数据库进行相关操作。为了防止虽然在浏览器端的操作显示正确，但是实际上系统对数据库的操作可能并没有实现，要保证数据库相关操作功能的正确运行。

以上就是整个系统测试的主要方法和思路。由于系统的功能点较多，这里采用举例的方式描述系统的测试过程，实际上需要用全方位的测试用例描述系统的测试过程，保证系统的每一个功能都经过测试，保证运行的正确性。

三、系统应用说明

基于学生身体素质个体差异的艺术体操训练指导系统，主要提供的功能包括学生个人信息维护、体能测试数据的录入、艺术体操训练要求生成、艺术体操训练数据的录入、艺术体操训练指导、学生个人训练方案生成、艺术体操训练培养方案的生成、艺术体操训练大纲生成等功能。系统涉及五类用户，并且每类用户在系统中分配的权限各不相同，但是各个功能之间存在严格的关联性，限于篇幅，仅在此处对于学生艺术体操训练指导的流程与应用进行说明，其他部分不做赘述，具体流程如下：

（1）系统上线时只有教师和学生的基本信息等，这些信息是从校园现有的数据库中导入，由于艺术体操训练对于学生的身体素质的严格要求，从而导入系统中学生基本数据有一些数据需要完善，于是首先要做的是对于学生基本信息的完善，并将完善信息进行提交。对于学生身体素质状况和艺术体操训练指导要求之间的关联模型已经在系统中进行了预定设置。

（2）学生基本信息完善之后，教师审核学生提交的信息，审核通过的学生进行体能测试，并将学生体能测试中实时采集的数据录入，依据学生身体素质不同情况，对照身体素质与艺术体操训练要求对其艺术体操训练中各项动作的完成提出不同的要求，学生按照提出的要求进行训练。学生此时可以看到个人基本信息审核状态和体能测试结果，对于没有通过审核的学生是不能看见体能测试结果的。

（3）学生在艺术体操训练之后，教师将学生训练中实时采集的数据录入系统，并对学生在艺术体操训练中的表现进行相应的评价，完成各项训练指标数据录入和指标主观评价之后，系统可以将学生本次艺术体操训练结果计算出来，此时学生可以看到艺术体操训练各项动作完成结果以及本次训练评价信息。

（4）获取学生艺术体操训练各项动作参数之后，系统对比艺术体操训练要求以及各项指标的权值结合学生艺术体操训练历史数据，对学生下一阶段训练提供指导，生成属于学生个人的艺术体操训练方案。教师和教辅决策人员可以依据学生身体素质状况和艺术体操训练各项指标的训练状况完成相应的艺术体操培养方案和艺术体操训练大纲，进一步指导学生进行训练。

对于学生来说，可以通过该系统来维护自身的相关身体基本信息以及训练信息，通过系统制定特定的体操训练计划。从学生自身角度考虑，可以查看其个人的基本信息，假设对一个学生来说，对其进行相关动作的测试，测试项较多，选取其中几个较为重要的数据进行说明，首先对基本的身体素质评分如表 6-4 所示，其训练标准动作数量如表 6-5 所示，训练动作与身体素质之间的对应权重如表 6-6 所示，其主要权重矩阵由专家经过评估给出。

表 6-4　某学生身体素质相关评分

各评价指标	身体因素	柔韧力量	速度灵巧性
相关评分	0.7	0.8	0.9

表 6-5　其相关训练动作标准数量

训练动作	跨跳	变换腿跳	反跨跳	鹿跳	哥萨克跳
标准数量	50	50	50	50	50

表 6-6　训练动作与身体素质之间的对应权重

身体基本素质	身体因素	柔韧力量	速度灵巧
跨跳	0.3	0.5	0.2
变换腿跳	0.4	0.4	0.2
反跨跳	0.3	0.4	0.3
鹿跳	0.2	0.5	0.3
哥萨克跳	0.6	0.2	0.2

根据以上的相关信息可以经过计算获得该名学生艺术体操训练模型，训练具体要求如表 6-7 所示。

表 6-7　某学生艺术体操训练模型

训练动作	跨跳	变换腿跳	反跨跳	鹿跳	哥萨克跳
应完成数量	40	39	40	41	38
训练比例	0.8	0.78	0.8	0.82	0.76

根据某学生艺术体操训练模型和训练比例可以发掘其进步的空间和有待改善的训练动作。再根据具体的情况训练，例如，某学生的实际训练情况如表 6-8 所示。实际完成率代表某学生的实际训练动作数量与艺术体操训练模型计划的动作数量比率，反映了某学生的实际训练情况。完成标准率表示某学生实际训练动作数量与标准动作数量的比值，表明该学生动作训练的不足之处和上升空间，然后根据其实际完成情况，确定其训练评分，反映其训练情况。

表 6-8　某学生实际训练情况

训练动作	跨跳	变换腿跳	反跨跳	鹿跳	哥萨克跳
实际完成数量	38	36	40	40	34
实际完成率	0.95	0.92	1	0.98	0.89
完成标准率	0.76	0.72	0.8	0.8	0.68

对于艺术体操训练指导老师，其主要是为学生建立较为科学的指导模型，例如根据表 6-8 中所示的学生的实际训练情况，可以清晰地发现该学

生的训练重点，按照相应的算法，其训练的内容排序应该是哥萨克跳、变换腿跳、跨跳、反跨跳、鹿跳。同样也给指导教师提供理论依据去对现有的艺术体操训练模型进行合理的修改。例如，当学生训练中实际完成率较高的话，表示该学生已经能够适应于以后的艺术体操训练模型训练安排内容，因此需要针对其艺术体操训练模型进行修改和更新，以适应学生的身体情况，随时间不断地修改训练模型，推进学生更好地投入艺术体操训练。

对于艺术体操大纲制定人员，可通过一组学生的训练情况，判断其完成情况。对于学生组来说，如果其较多数的实际完成率较高，就应该将艺术体操训练大纲进行修改，适当地降低完成率，推进艺术体操训练水平的发展。反之，如果完成率较低，就降低大纲中的动作标准。

整个系统在应用上满足艺术体操训练指导的功能需求，学生在其上面可以通过自身基本信息和相关训练信息根据计算模型算法，能够获取他的训练计划和训练效率。而教师可以通过该系统实现对学生训练情况的了解，便于把握学生训练的特点，总结教学经验，并且减少整理数据的时间，通过算法计算可以获得学生一个较为合理的训练计划，作为参考，可以在此基础上进行相应的修改。对于整个艺术体操项目的发展起到推动作用，通过相关数据分析，可以从整体上发现艺术体操现有的训练情况和训练说明，为相关专家提供理论依据，使其能够通过数据结果总结经验，并提出更加适合的教学大纲，根据训练情况的发展，修改大纲内容，使其更加符合艺术体操的发展方向和规律。

参考文献

参考文献

[1]郭秀文,谢颖. 艺术体操项目的发展趋势[J]. 中国体育科技,2005(05).
[2]黄波,刁在箴,徐永生. 论中国艺术体操软化发展趋势与可持续发展[J]. 北京体育大学学报,2007(02).
[3]陈月. 浅析艺术体操运动员的初级选材[J]. 科技资讯,2011(03).
[4]彭春梅,叶文平. 对体育舞蹈训练内容体系和训练方法的探讨[J]. 重庆科技学院学报(社会科学版),2012(01).
[5]田麦久. 运动训练学[M]. 北京:人民体育出版社,2000.
[6]李洋. 艺术体操表现力的内容及特点[J]. 少年体育训练,2010(06).
[7]杨辛,甘霖. 美学原理[M]. 北京:北京大学出版社,1983.
[8]金秋. 舞蹈编导学[M]. 北京:高等教育出版社,2006.
[9]黄波. 我国艺术体操软化式发展的初步研究[D]. 华中师范大学,2007.
[10]樊铭. 中国艺术体操个人运动员器械技术水平及影响因素的研究[D]. 北京体育大学,2005.
[11]王维刚. 舞蹈解剖学初探[M]. 北京:人民音乐出版社,1982.
[12]刘会玲. 我国艺术体操个人项目技术现状研究[D]. 华中师范大学,2006.
[13]宋会群. 苗雪兰. 中国博弈文化史[M]. 北京:社会科学文献出版社,2010.
[14]谭黔. 体育教学心理研究[M]. 北京:北京师范大学出版社,2011.
[15]王进,李定忠. 体操难美项群制胜因素的研究[J]. 辽宁体育科技,2005(02).
[16]王林. 竞技体育的教育价值研究[J]. 首都体育学院学报,2006(03).
[17]谢三祥. 艺术体操基础[M]. 北京:北京师范大学出版社,1984.
[18]王玉德. 文化学[M]. 昆明:云南大学出版社,2006.
[19]王爱兰. 艺术体操[M]. 北京:人民体育出版社,1987.
[20]樊铭,于晖. 艺术体操项目制胜因素研究[J]. 成都体育学院学报,2013(08).
[21]邵象清. 人体测量手册[M]. 上海:上海辞书出版社,1985.

[22]熊晓正. 体育概论[M]. 北京:北京体育大学出版社,2008.
[23]朱春燕,刘树军. 对运动员科学选材的探析[J]. 经营管理者,2009(14).
[24]赵新芝,张沙. 大众体育文化交流对全民健身计划纲要发展影响研究[J]. 当代体育科技,2017(05).
[25]王卫星. 体能训练理论与实践[M]. 北京:高等教育出版社,2012.
[26]高云. 舞蹈解剖学[M]. 北京:高等教育出版社,2004.
[27]钱穆. 文化学大义[M]. 北京:九州出版社,2011.
[28]于绍英,牛晓静. 浅谈成都市艺术体操俱乐部教练员的现状调查分析[J]. 当代体育科技,2015(11).
[29]邢文华. 体育测量与评价[M]. 北京:北京体育学院出版社,1986.